Schildt · Kürsteiner

100 Tipps & Tricks für Overhead- und Beamerpräsentationen

Konzept und Beratung der Reihe Beltz Weiterbildung

Prof. Dr. *Karlheinz A. Geißler*, Schlechinger Weg 13, D-81669 München.
Prof. Dr. *Bernd Weidenmann*, Weidmoosweg 5, D-83626 Valley.

Thorsten Schildt · Peter Kürsteiner

100 Tipps & Tricks für Overhead- und Beamerpräsentationen

2. Auflage

Beltz Verlag · Weinheim und Basel

Thorsten Schildt, Jg. 1965, ist seit 1991 als Seminarleiter und seit 1995 als Persönlichkeits- und Kommunikationstrainer tätig. Nach dem Aufbau und der Geschäftsführung zweier Firmen im Ausbildungsbereich und im Gesundheitswesen leitet er derzeitig eine Internetfirma. Er ist Mitbegründer von Praesentatio und bietet dort Seminare und Coaching für Führungskräfte an.

Peter Kürsteiner, Jg. 1968, Dipl.-Ing., führt seit 1990 fachübergreifende Seminare und Coachings durch. Er ist Mitgründer mehrerer Firmen und seit 1999 Geschäftsführer. Er hat mehrere hauptberufliche Trainer ausgebildet. Bekannt wurde er auch als Autor diverser Fachbücher im Bereich Kommunikation und Präsentation.

2., überarbeitete und erweiterte Auflage 2006

Lektorat: Ingeborg Sachsenmeier

www.beltz.de
Herstellung: Klaus Kaltenberg
Satz: Mediapartner Satz und Repro GmbH
Druck: Druckhaus Beltz, Hemsbach
Umschlaggestaltung: glas ag, Seeheim-Jugenheim
Umschlagabbildung: ID Image Direkt, Maintal-Dörnigheim
Abbildungen: Inga Berkensträter, Hannover
Printed in Germany

ISBN-13: 978-3-407-36443-2
ISBN-10: 3-407-36443-1

Inhaltsverzeichnis

Vorwort

Wir führen seit über einem Jahrzehnt Präsentationstrainings für Firmen, Institute und Einzelpersonen durch und erleben dabei immer wieder die gleichen Fehler. Natürlich gibt es typische Anfängerfehler, aber es gibt auch Fehler, die nicht nur der unerfahrene Präsentator macht, sondern auch der Profi. Auf Grund unserer Erfahrung in zahlreichen Seminaren möchten wir Ihnen die typischen Fehler aufzeigen und Ihnen Vorschläge unterbreiten, wie Sie diese Fehler vermeiden können und in den entsprechenden Situationen richtig handeln. Verstehen Sie das Buch deshalb als Ratgeber für die häufigsten Fehler, die bei Präsentationen mit Overhead-Projektor und Beamer gemacht werden.

Das Buch erhebt nicht den Anspruch auf Vollständigkeit. Diesem Anspruch kann es schon allein auf Grund des Umfangs nicht gerecht werden. Wir sind allerdings überzeugt davon, dass Ihre Präsentationen vom Aufbau und vom Inhalt her professionell sein werden, wenn Sie die Tipps und Tricks dieses Buches in die Tat umsetzen.

In dieser zweiten Auflage haben wir vor allem den vierten Teil des Buches »Tipps und Tricks für den Vortrag« um weitere Punkte ergänzt. Wir möchten Ihnen damit Ratschläge an die Hand geben, die Ihnen in besonders schwierigen und kritischen Situationen weiterhelfen sollen.

Wir hoffen, dass Sie in diesem Buch den ein oder anderen wertvollen Tipp finden, der Ihnen in Ihrer täglichen Arbeit weiterhilft. Wenn Sie wissen möchten, wie Sie dieses Buch am schnellsten und am effektivsten durcharbeiten, sollten Sie sich als Erstes dem Kapitel »Tipps und Tricks für den Gebrauch des Buches« (S. 11) zuwenden.

Danksagung

Selbstverständlich sind an der Entstehung eines Buches nicht nur die Autoren beteiligt. Es ist das Werk vieler Personen, denen wir auf diesem Wege danken möchten.

Der größte Dank geht an Beate und Carmen, die uns bei dieser Energieleistung den Rücken freigehalten und Korrektur gelesen haben. Wir danken natürlich auch unseren Kindern Max, Tom und Vincent, die in der Entstehungsphase dieses Buches auf so manche Spielstunde verzichten mussten.

Großer Dank geht an Inga Berkensträter, die mit Ihren Zeichnungen maßgeblich zur Lebendigkeit dieses Buches beigetragen hat. Wir danken Gertrud Zeller für die Unterstützung und die Korrekturen im PowerPoint-Teil dieses Buches. Ebenfalls danken wir Ingeborg Sachsenmeier vom Beltz Verlag, ohne die das Buch nicht entstanden wäre.

Und natürlich danken wir auch all den Seminarteilnehmern und Firmen, die uns in der Vergangenheit ihr Vertrauen geschenkt haben. Ohne die vielfältigen Erfahrungen in unseren Trainings wäre dieses Buch nicht möglich gewesen.

Da wir das Buch für unsere Leser geschrieben haben, ist uns Ihre Meinung zu diesem Buch sehr wichtig. Sollten Sie Fragen, Anregungen, Verbesserungsvorschläge oder Erfolgserlebnisse haben, würden wir uns über Ihre Rückmeldung sehr freuen.

Wir wünschen Ihnen viel Spaß beim Lesen dieses Buches!

Tipps und Tricks für den Gebrauch des Buches

Das Buch ist für Leser geschrieben worden, die oftmals nicht genügend Zeit haben, eine Präsentation intensiv vorzubereiten. Dass diese Leser nicht genügend Zeit haben, ein Buch von Anfang bis Ende durchzulesen, liegt auf der Hand. Zudem ist natürlich nicht jeder Tipp für jeden Leser interessant. Daher sollten Sie gezielt die Tipps lesen, die Ihnen persönlich weiterhelfen. Diese Tipps erkennen Sie sofort am unten stehenden Logo.

Verwenden Sie das Buch wie ein Kochbuch!

Das Buch ist eine Aneinanderreihung von Tipps, hat aber dennoch einen inhaltlichen Leitfaden. Es ist systematisch und logisch aufgebaut. Wenn Sie das Buch von Anfang bis Ende lesen, kann es durchaus sein, dass Ihnen die Tipps des ersten Kapitels nicht hilfreich erscheinen. Es wäre schade, wenn Sie das Buch dann aus der Hand legen würden. Wir sind davon überzeugt, dass für jeden Leser wertvolle Tipps vorhanden sind.

Manche Leser neigen dazu, auch Fachbücher oder längere Fachtexte Seite für Seite durchzulesen. Dieses Vorgehen ist sinnvoll, wenn Sie einen Roman schmökern. Es ist aber ungeeignet, wenn Sie Fachliteratur lesen.

Lesen Sie mit der Drei-Gang-Methode!

Bei dieser sehr zeitsparenden Methode verschaffen Sie sich im ersten Schritt einen Eindruck von einem Buch oder einem Artikel, indem Sie diesen grob überfliegen. Erst im zweiten Schritt lesen Sie die für Sie interessanten Inhalte gezielt durch. Danach fassen Sie im dritten Schritt die von Ihnen erarbeiteten Inhalte zusammen und überprüfen, ob Sie alles richtig verstanden haben.

1. **Schritt: Grob überfliegen**
   Als Orientierung dienen Ihnen die Fragestellungen, die das Inhaltsverzeichnis des Buches darstellen. Wenn Sie das Inhaltsverzeichnis durchgehen, werden Sie gezielt die Tipps heraussuchen können, die für Sie von Interesse sind.
   Als Hilfestellung haben Sie zudem das Stichwortverzeichnis am Ende des Buches. Hier sind Stichworte mit entsprechender Seitenangabe gelistet.
   Eine weitere Möglichkeit ist das Diagonallesen. Hierbei überfliegen Sie den Inhalt des Buches und prüfen, welche Textstellen für Sie lesenswert sind.
   Eine gute Möglichkeit bei diesem Buch ist, sich nur die hervorgehobenen Tipps durchzulesen. Auf diese Weise können Sie in fünf Minuten das gesamte Buch durchgehen und sich gezielt die Stellen heraussuchen, die für Sie persönlich von Bedeutung sind.
2. **Schritt: Gezielt lesen**
   Wenn Sie die Stellen herausgefiltert haben, die für Sie wichtig sind, sollten Sie diese mit angemessener Geschwindigkeit gezielt lesen. Bei neuen Inhalten sollten Sie langsam und gründlich lesen. Inhalte, die Ihnen größtenteils bekannt sind, können Sie überfliegen. Wichtige Textstellen sollten Sie markieren.
   Sie werden feststellen, dass dieses Buch weitaus mehr als 100 Tipps und Tricks beinhaltet. Sie werden immer wieder auf Tipps treffen, die nicht hervorgehoben sind und die trotzdem eine gute Hilfe sein können.
3. **Schritt: Nachbereiten**
   Nachdem Sie die wichtigen Inhalte gezielt gelesen haben, sollten Sie diese zusammenfassen oder mit eigenen Worten wiedergeben. Sie können auch eine Strukturskizze oder ein Mindmap erstellen, um die Inhalte zu festigen. Durch diese Form der Wiederholung prägen sich die Inhalte besser ein und Sie merken sehr schnell, ob Sie alles richtig verstanden haben.

Tipps und Tricks für den Aufbau einer Präsentation

Welche Fragen müssen im Vorfeld einer Präsentation beantwortet werden?

Es ist erstaunlich, wie viele Personen in eine Präsentation gehen, ohne genau zu wissen, was sie erwartet. So kommt es beispielsweise vor, dass die Zuhörergruppe, mit der der Vortragende rechnet, deutlich größer oder kleiner ist als erwartet oder dass bereits nach fünf Minuten die Anmerkung aus dem Publikum kommt, dass das Gesagte bereits vor längerer Zeit erzählt worden ist. Das sind unnötig stressige und manchmal durchaus peinliche Momente. Dabei ist es recht einfach, die wichtigsten Punkte im Vorfeld abzuklären.

Verschaffen Sie sich Klarheit über den Anlass der Präsentation!

Der Anlass ist ausschlaggebend für die Planung einer Präsentation. Sie sollten folgende Fragen geklärt haben:

- Wie ist es zu der Präsentation gekommen?
- Wer hat die Idee für die Präsentation gehabt?
- Welche Idee steckt hinter der Präsentation?
- Was findet vor und nach Ihrer Präsentation statt?
- Wie viel Zeit steht für die Präsentation zur Verfügung?

Scheuen Sie sich nicht, an die Person, Abteilung oder Firma, die Sie mit einer Präsentation beauftragt, im Vorfeld heranzutreten, um diese Fragen zu klären. Es ist weitaus peinlicher, dem Anlass nicht gerecht zu werden, als eine scheinbar unnötige Frage zu stellen.

Wichtig ist natürlich auch, das Ziel der eigenen Präsentation zu kennen. Nur wenn Ihnen das Ziel Ihrer Präsentation völlig klar ist, werden Sie es auch erreichen. Bei vielen Präsentationen fehlt der rote Faden, weil dem Vortragen-

den das eigene Ziel nicht gegenwärtig ist, weil er es nicht verinnerlicht hat. Der Inhalt und die Darstellungen auf den Folien stellen kein Hilfsmittel mehr dar, um ein Ziel zu erreichen, sondern werden zum Selbstzweck. Die Zuhörer werden mit Folien überfrachtet und sind nicht in der Lage, den roten Faden zu erkennen.

Formulieren Sie konkrete, messbare und nachprüfbare Ziele in einem Satz!

Versuchen Sie, die Ziele so exakt wie möglich zu benennen. Definieren Sie klare Zustände, die Sie erreichen wollen. Ein Zustand ist nachprüfbar, da er konkret ist. Vermeiden Sie, Tätigkeiten als Zielsetzung zu verwenden. Das Ziel »Ich möchte viele Produkte verkaufen« ist äußerst schwammig und kann von daher nicht überprüft werden. Das Ziel als Zustand »Nach fünf Präsentationen möchte ich mindestens 25 Produkte verkauft haben« ist konkret formuliert und kann daher gut nachgeprüft werden.

Definieren Sie als Ziel einen Zustand!

Um sich gut auf eine Präsentation vorbereiten zu können, sollten Sie wissen, wer Ihre Zuhörer sind. Es ist ein großer Unterschied, ob Sie eine Präsentation vor fünf oder vor 500 Zuhörern halten. Dementsprechend werden Sie sich auf die Präsentation vorbereiten und innerlich einstellen.

Klären Sie ab, wer Ihre Zielgruppe ist!

Die wichtigsten Fragen, die Sie sich beantworten sollten, sind folgende:

- Wer sind die Zuhörer?
- Welche Position beziehungsweise Rolle haben die Zuhörer?
- Wie viele Zuhörer werden anwesend sein?
- Wie sind die Zuhörer eingeladen worden?
- Sind die Zuhörer freiwillig da oder wurden sie geschickt?
- Wie groß ist das Interesse der Zuhörer?
- Wie kompetent sind die Zuhörer?
- Welche Vorerfahrungen und welches Vorwissen haben die Zuhörer?
- Ist die Gruppe homogen oder heterogen?
- Wie stehen die Zuhörer zu dem Thema?
- Ist die Gruppe eher aktiv oder eher passiv?
- Wer sind die Entscheider?
- Wie stehen die Zuhörer zu Ihnen?
- Wie viel Zeit bringen die Zuhörer mit?

Ein weiterer Aspekt, der sehr häufig nicht ausreichend bedacht wird, ist der Nutzen für die Zuhörer. Welche Erwartung hat der Zuhörer? Und vor allem, was hat der Zuhörer davon, dass er bei Ihrer Präsentation zugegen ist? Wenn Sie auf diese Fragen keine eindeutige Antwort haben, ist die Gefahr sehr groß, dass Sie an den Zuhörern »vorbei präsentieren«.

Stellen Sie den persönlichen Nutzen für den Zuhörer heraus und halten Sie diesen schriftlich fest!

Auch hier gilt das gleiche Prinzip wie bei der Formulierung des Zieles. Stellen Sie den Nutzen als zu erreichenden Ist-Zustand dar. Nur dann werden Sie den Nutzen klar erkennbar herausarbeiten und dem Zuhörer deutlich machen können. Wie auch beim Ziel hilft Ihnen eine klare Definition, um in der Nachbereitung zu überprüfen, ob der Nutzen für den Zuhörer zum Tragen gekommen ist.

Nachdem Sie die vorherigen Fragen geklärt haben, gibt es noch einen Punkt, der für die unmittelbare Durchführung der Präsentation wichtig ist.

Klären Sie im Vorfeld die Rahmenbedingungen ab!

Die Rahmenbedingungen beziehen sich in erster Linie auf die räumlichen Gegebenheiten:

- Wo findet die Präsentation statt?
- Um wie viel Uhr beginnt die Präsentation?
- Ab wie viel Uhr können Sie sich im Raum vorbereiten?
- Wie groß ist der Raum?
- Wie ist die Bestuhlung?
- Welche Medien stehen zur Verfügung?
- Wie ist die Leinwand angebracht?
- Wie sind die Lichtverhältnisse?
- Gibt es Störgeräusche? Können diese abgestellt werden?
- Wie ist die Temperatur des Raumes?
- Wer ist der Ansprechpartner für den Raum?
- Wie ist der Ansprechpartner erreichbar?

Erst wenn Sie die Fragen nach dem Anlass einer Präsentation, dem Ziel, der Zielgruppe und dem Nutzen für die Zielgruppe beantwortet haben, sollten Sie in die inhaltliche Planung der Präsentation einsteigen. Die Rahmenbedingungen beeinflussen natürlich die Auswahl des Mediums und sollten somit auch rechtzeitig geklärt werden.

Wie bereite ich eine Präsentation vor?

Nachdem Sie den Anlass und die Zielgruppe kennen und Ihr eigenes Ziel sowie den Nutzen für die Zielgruppe definiert haben, sollten Sie sich jetzt in das Thema vertiefen.

Im ersten Schritt geht es darum, Informationen und Ideen zu sammeln. Aus unserer Erfahrung heraus ist dieser Teil der wichtigste. Dementsprechend sollten Sie sich für diesen Teil Zeit nehmen. Sie werden feststellen, dass die nachfolgenden Schritte sehr schnell abgearbeitet werden können, wenn Sie diesen Schritt ausreichend bearbeitet haben.

Nach dieser Sammelphase sollten Sie im zweiten Schritt eine Auswahl treffen, welche Informationen beziehungsweise Ideen Sie dem Publikum vorstellen. Beschränken Sie sich dabei auf das Notwendigste. Achten Sie darauf, dass Sie bei der Auswahl des Inhaltes Ihr Ziel, die Zielgruppe und den Nutzen für die Zielgruppe klar vor Augen haben. Jetzt sollten Sie die ausgewählten Informationen strukturieren.

Gehen Sie vom Bekannten zum Unbekannten, vom Einfachen zum Schwierigen und vom Allgemeinen zum Detail!

Entscheiden Sie sich nun für einen klaren und nachvollziehbaren Aufbau Ihrer Präsentation. Legen Sie den roten Faden fest.

Entscheiden Sie sich erst für eine Struktur, wenn Sie Ihr Ziel kennen und wissen, welche Inhalte Sie darstellen möchten!

Viele Präsentatoren machen den Fehler, sich bereits in dem Moment auf eine Struktur festzulegen, in dem sie das Thema der Präsentation genannt bekommen. Solange Sie Ihr Ziel und die Inhalte, die Sie darstellen möchten, noch nicht hundertprozentig kennen, können Sie keine Entscheidung darüber treffen, welche Struktur am sinnvollsten ist.

Nach der Strukturierung werden die Präsentationsunterlagen erstellt. Sobald die Präsentation fertig ist, sollten Sie proben.

Was merkt sich der Zuhörer?

Eine interessante Frage ein oder zwei Tage nach einer Präsentation ist, was sich der Zuhörer gemerkt hat. Wahrscheinlich würden Sie sich wundern, welche Nebensächlichkeiten auf der einen Seite im Gedächtnis des Zuhörers haften bleiben und welche wichtigen Inhalte auf der anderen Seite verloren gegangen sind. Woran liegt das?

- Zum einen hat jeder von uns einen ganz individuellen Filter, mit dem er für sich selbst scheinbar unwichtige Informationen aussortiert und wichtige in seinem Gedächtnis verankert.
- Zum anderen hängt es damit zusammen, wie wir Informationen abspeichern.

Doch auch wenn jeder Einzelne einen anderen Filter hat und auf unterschiedliche Weise Informationen abspeichert, gibt es Gemeinsamkeiten. Versuchen Sie sich bitte an eine Situation zu erinnern, die sich vor etwa zehn Jahren ereignet hat. Mit großer Wahrscheinlichkeit enthält die Situation einige der folgenden Eigenschaften:

- Es waren Emotionen im Spiel.
- Es ist etwas Unerwartetes passiert.
- Es war Bewegung vorhanden.
- Sie hatten selber etwas damit zu tun.
- Die Situation war außergewöhnlich.
- Es wurde eine Gewohnheit durchbrochen.
- Es hat sich etwas Neues ereignet.
- Es ist eine Wahrheit ans Licht gekommen.
- Es geschah etwas, was zu einer Veränderung führte.

Bauen Sie außergewöhnliche und emotionale Momente in Ihre Präsentation mit ein!

Wenn Sie möchten, dass Ihre Präsentation in Erinnerung bleibt, sollten Sie einige der genannten Punkte in Ihre Präsentation einbauen. Manche Themen beinhalten von sich aus einige der Punkte, bei anderen Themen sollten Sie gezielt auf diese Punkte hinarbeiten.

Welcher Inhalt sollte dargestellt werden?

Viele Präsentatoren machen den Fehler, der Zusammenstellung des Inhalts zu wenig Bedeutung zu schenken. Sobald sie das Thema ihrer Präsentation kennen, stehen der Inhalt und die Struktur fest. Diese sofortige Klarheit ist auf der einen Seite eine Stärke, auf der anderen Seite aber auch eine Schwäche. Um zumindest einige der auf der vorherigen Seite genannten Kriterien zu erfüllen, genügt der erste Gedanke meist nicht. Wenn Sie Ihre Präsentationen außergewöhnlich gestalten und zu einem inneren Erlebnis für die Zuhörer werden lassen möchten, sollten Sie sich Zeit nehmen, um den Inhalt Ihrer Präsentation festzulegen.

Nutzen Sie eine der drei kreativen Methoden zur Ideenfindung!

Es gibt verschiedene Methoden zur Ideenfindung. Wir möchten Ihnen kurz die drei gängigsten vorstellen.

Das **Brainstorming** ist eine Methode, die zumeist in Gruppen verwendet wird. Sie können diese Methode jedoch auch alleine praktizieren. Es geht bei dieser Technik darum, möglichst viele Ideen ohne Rücksicht auf ihre Qualität zu produzieren. Es darf und soll also gesponnen werden. Wichtigste Regel in der Sammelphase ist, weder eigene noch fremde Gedanken zu kritisieren und abzuwerten. Sprechen Sie Ihre Gedanken ungehemmt aus und greifen Sie die Ideen anderer auf und verfolgen Sie diese weiter. Erst im zweiten Schritt erfolgt eine Bewertung. Die gesammelten Ideen, die bei der Ideenfindung schriftlich festgehalten werden, werden ausgewertet, sortiert und auf ihre Verwendbarkeit hin überprüft.

Das **Mindmapping**© ist eine recht bekannte Methode, die Sie sowohl in der Gruppe als auch alleine durchführen können. Die Technik ist folgende: Das Thema Ihrer Präsentation schreiben Sie in den Kreis in der Mitte. Von der Mitte aus ordnen Sie Hauptäste an, die die wichtigsten Aspekte des Themas beinhalten. Von den Hauptästen aus gehen weitere, immer feiner werdende Verzweigungen ab. Dadurch gelangen Sie nach und nach von Hauptaspekten zu Detailinformationen. Achten Sie bitte darauf, dass Sie die Äste möglichst waagerecht anordnen, damit sie gut lesbar sind. Sie ergänzen das Mindmap so lange, bis Ihnen keine weiteren Einzelheiten mehr einfallen. Sie werden feststellen, dass Sie durch diese Methode recht schnell auf Ideen und Gedanken zugreifen können, die Ihnen im ersten Moment niemals einfallen würden.

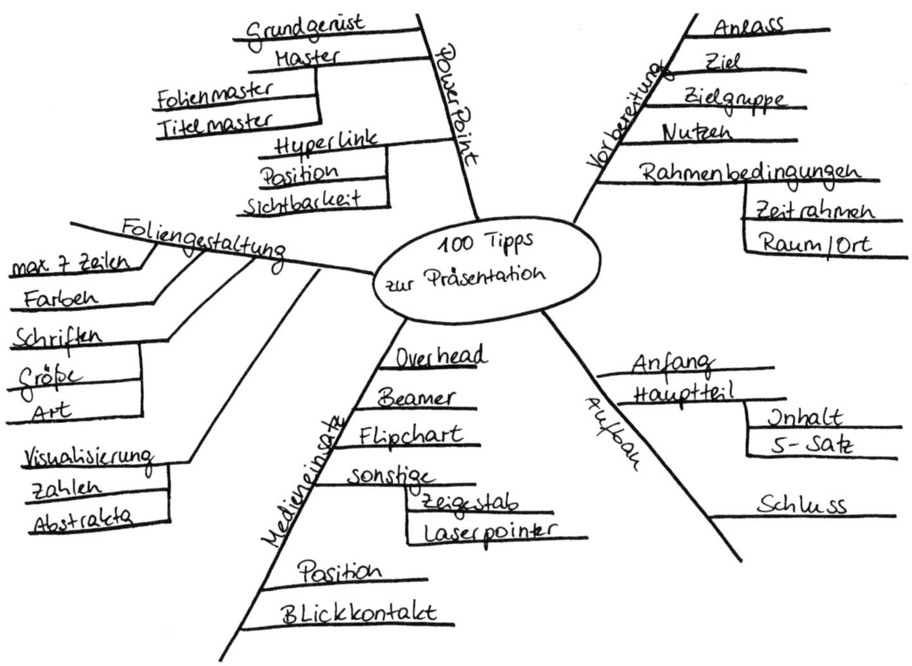

Die dritte Methode, die Ihnen bei der Ideenfindung und Zusammenstellung gut helfen kann, ist die Arbeit mit **Karteikarten**. Diese Technik ist der des Brainstormings recht ähnlich. Sie schreiben jeden Gedanken und jede Idee auf eine Karteikarte. Dabei gilt die Regel: ein Gedanke – eine Karte. Das machen Sie so lange, bis Ihnen nichts mehr einfällt. Da unser Gehirn auch nachts weiterarbeitet, empfehlen wir Ihnen, bei wichtigen Präsentationen diese Phase des Sammelns über mindestens zwei Tage zu strecken. Wenn Sie die Sammelphase abgeschlossen haben, sortieren Sie die Karteikarten. Am besten eignet sich dafür eine Metaplantafel. Nachdem Sie Karteikarten gruppiert haben, formulieren Sie Überschriften für die jeweiligen Gruppen. Mit hoher Wahrscheinlichkeit wird Ihnen jetzt noch der ein oder andere Gedanke in den Sinn kommen. Ergänzen Sie die Karten durch weitere und schaffen Sie neue Kategorien. Schließen Sie diese Phase ab, wenn Sie alle Karten zugeordnet haben und Ihnen nichts Neues mehr einfällt. Jetzt können Sie die Auswahl des Inhaltes treffen.

Wir persönlich bevorzugen die Karteikarten-Methode. Im Gegensatz zum Mindmapping wird hier erst sehr spät mit logischen Zusammenhängen gearbeitet. Das Mindmap ist von Anfang an strukturiert. Die Strukturierung der Karteikarten erfolgt erst zum Ende hin. Von daher halten wir die Arbeit mit den Karteikarten für noch kreativer. Letztendlich ist es Geschmacksache, mit welcher Methode Sie arbeiten. Probieren Sie die unterschiedlichen Techniken einfach mal aus.

Selbstverständlich ist es so, dass zwei oder drei Köpfe mehr Ideen haben als ein einziger Kopf. Oft hat eine Person einen verrückten Gedanken, der von einer anderen Person aufgenommen und weitergedacht wird. Eine kreative Idee ist nicht einfach nur da, sondern wird meist entwickelt. Und das geht in der Gruppe deutlich einfacher als allein.

Beziehen Sie in die Phase des Sammelns unbedingt andere Personen mit ein!

Wie baue ich meine Argumente schlüssig auf?

Der erste Schritt ist, dass Sie sich alle Ihre Argumente schriftlich notieren. Hier ist oftmals eine Konzentration auf die wichtigsten Aspekte sehr sinnvoll. Es ist in der Regel viel effektiver, nur fünf stichhaltige Argumente vorzubringen als beispielsweise 14, von denen über die Hälfte nicht besonders aussagekräftig ist.

Gute Argumente bilden den inhaltlichen Leitfaden Ihrer Präsentation. Bei der Strukturierung sollten Sie darauf achten, dass Ihre Argumente Sie quasi automatisch von einer Folie zur nächsten leiten. Man spricht in diesem Fall von *horizontaler Logik*. Wenn Sie alle Folien horizontal nebeneinander legen, sollte der rote Faden Ihrer Präsentation deutlich zu erkennen sein.

Innerhalb der Folien sollten Sie darauf achten, dass die Logik von oben nach unten aufgebaut wird. Sowohl bei Texten als auch bei Graphiken ist das ratsam. Hier spricht man von *vertikaler Logik*.

Achten Sie auf die horizontale und vertikale Logik!

Eine eindeutige und nachvollziehbare Logik ist für Ihre Zuhörer eine notwendige Voraussetzung, um neuen Inhalten und Zusammenhängen gut folgen zu können.

Im Anhang finden Sie die Checkliste »Folieninhalte« (s. S. 148). Wenn Sie in diese Liste die Kernaussagen jeder einzelnen Folie eintragen, muss sich in diesen Kernaussagen die horizontale Logik Ihres Vortrages widerspiegeln.

Wie strukturiere ich den Inhalt?

Sie haben sich für einen bestimmten Inhalt entschieden und kennen sowohl Ihr Ziel als auch den Nutzen für die Zielgruppe. Jetzt müssen Sie eine sinnvolle Struktur für Ihre Präsentation finden.

Wählen Sie eine klare, logische und nachvollziehbare Struktur!

Im Gegensatz zum Inhalt, der außergewöhnlich und emotional sein sollte, muss die Struktur klar und logisch sein, also die rationale Seite ansprechen. Zuhörer mögen es nicht, wenn sie nicht wissen, was sie erwartet, und wenn sie das, was sie erwartet, nicht verstehen. Je klarer und logischer die gewählte Struktur ausfällt, umso einfacher ist es für den Zuhörer, Ihren Vortrag zu verstehen und den roten Faden zu erkennen und ihm zu folgen. Inhaltliche Überraschungsmomente sind gut und sinnvoll, Überraschungsmomente in der Struktur werden vom Publikum dagegen ungern gesehen und als negativ empfunden.

Bei der Strukturierung eines Vortrages oder einer Präsentation wird häufig ein ganz entscheidender Fehler gemacht: Der Vortragende wählt einen Aufbau, der nicht zum Ziel passt und mit dem er seine Zielsetzung nicht erreichen kann. Dadurch erscheint die Struktur schwammig. Sie ist für den Zuhörer nicht klar erkennbar und damit auch nicht nachvollziehbar.

Strukturieren Sie Ihre Präsentation mit der Bausatz-Technik!

Eine Präsentation besteht in der Regel aus einem Anfang, einem Hauptteil und einem Schluss. Den Hauptteil können Sie nochmals unterteilen. Wir empfehlen Ihnen für den Hauptteil eine Einteilung in klare Bausteine. So können Sie beispielsweise mit drei Bausteinen insgesamt einen 5-Satz bilden. In der Übersicht sehen Sie einige Beispiele für den 5-Satz. Es gibt natürlich noch weitaus mehr Möglichkeiten als die hier dargestellten. So können Sie die Bausteine auch beliebig miteinander kombinieren.

Übersicht: Beispiele für die 5-Satz-Technik

Einleitung					
Tatsache	Ist	Risiken	Vergangenheit	These	Problem
Ursache	Ziel	Chancen	Gegenwart	Antithese	Vision
Folgerung	Weg	Pläne	Zukunft	Synthese	Appell
Schluss					

Selbstverständlich können Sie auch von dem 5-Satz abweichen und noch mehr Teile in die Präsentation einflechten. Sie sollten sich immer die Frage stellen: »Warum habe ich diese und keine andere Struktur gewählt?«. Wenn Sie diese Frage nicht eindeutig beantworten können, sollten Sie Ihren Präsentationsaufbau überarbeiten.

Wie bekomme ich Spannung in meine Präsentation?

Viele überlassen den Spannungsbogen ihrer Präsentation dem Zufall. Und so geschieht es, dass manche inhaltlich hochwertige Präsentation die Zuhörer wegen einer zu geringen Abwechslung in der Darstellung langweilt.

Es gibt mehrere Möglichkeiten die Spannung zu erhöhen. Diese sind unter anderem:

- Medienwechsel (Flipchart, Plakate, Whiteboard, Pinwand und Ähnliches).
- Fragestellung, die erst am Ende aufgelöst wird.
- Zeigen von überraschenden Neuigkeiten.
- Stimmliche Variationen wie zum Beispiel Änderung der Tonlage, der Lautstärke und der Geschwindigkeit.
- Überraschende Effekte oder Demonstrationen.

Besondere Aufmerksamkeit sollten Sie dabei auf den Anfang und das Ende Ihrer Präsentation legen. Der Beginn Ihrer Präsentation sollte so beschaffen sein, dass selbst bei einem Stromausfall von einer Minute alle Zuhörer gespannt sitzen bleiben würden. Das Ende ist dann gelungen, wenn es noch einige Zeit positiv nachwirkt.

Planen Sie am Anfang und Ende Ihrer Präsentation spannende Höhepunkte ein!

Ähnlich wie bei einem spannenden Film, einem Feuerwerk oder auch einem Theaterstück sollte der Spannungsbogen Ihrer Präsentation aufgebaut sein. Der Anfang richtig packend, dann eine gute inhaltliche Story mit vielen interessanten Informationen, einem logischen nachvollziehbaren Aufbau und schließlich einem eindrucksvollen Finale.

Was ist ein guter Anfang?

Zunächst einmal möchten wir auf die außerordentlich wichtige Bedeutung des Anfangs hinweisen. »Der Anfang prägt, das Ende haftet« sagte ein bekannter Präsentationstrainer. Sie sollten sich bewusst machen, dass Sie immer nur eine einzige Chance für den ersten Eindruck haben. Bereits in den ersten Minuten verschafft sich der Zuhörer einen Eindruck über Ihre Person und legt fest, mit welcher Einstellung er Ihren Vortrag beziehungsweise Ihre Präsentation verfolgt. Sie sollten daher darauf achten, dass Ihr Anfang professionell und fehlerfrei abläuft.

Beginnen Sie ruhig und stellen Sie schon vor den ersten Worten Blickkontakt zu Ihren Zuhörern her. Sollten Sie bereits im Raum sein, wenn die Zuhörer diesen betreten, können Sie diese einzeln begrüßen und sich vorstellen. So entsteht frühzeitig ein persönlicher Kontakt. Achten Sie beim Beginn Ihres Vortrages/Ihrer Präsentation auf Ihre Körperhaltung. Diese sollte dem Publikum zugewandt und offen sein. Versuchen Sie einen Einstieg zu finden, bei dem Sie die Zuhörer gut abholen.

Gehen Sie auf die Vorerfahrungen, Erwartungen, Einstellungen und Interessen Ihrer Zuhörer ein!

Versuchen Sie jedem Zuhörer Ihr Interesse an dem Thema und an seiner Person deutlich zu machen. Stellen Sie sich so vor, dass Ihre Erfahrungen und Ihre Kenntnisse in dem behandelten Bereich transparent werden.

Ziel des Einstieges ist, einen möglichst persönlichen Kontakt zum Publikum zu schaffen und Aufmerksamkeit und Interesse zu wecken.

Geben Sie Ihren Zuhörern einen Überblick darüber, was sie während der Präsentation erwartet!

Stellen Sie in wenigen Worten Ihre Gliederung und Ihr Ziel vor. Schneiden Sie die Inhalte Ihres Vortrages kurz an. Wenn Sie in diese Kurzvorstellung des Inhaltes ein oder zwei der auf Seite 21 genannten Eigenschaften einbauen, wird das Interesse bei Ihrem Publikum mit Sicherheit geweckt sein. Benennen Sie zudem unbedingt den zeitlichen Rahmen Ihres Vortrages. Achten Sie bitte darauf, dass dieser auf keinen Fall länger dauert, als von Ihnen angegeben. Denn es verärgert Ihre Zuhörer, wenn Sie die vorgegebene Zeit überschreiten. Das wiederum beeinträchtigt den Gesamteindruck Ihres Vortrages.

Versuchen Sie einen Einstieg in die Präsentation und das Thema zu finden, der von den allgemein üblichen Standardbegrüßungen abweicht. Der Satz »Ich freue mich, dass Sie so zahlreich erschienen sind« ist furchtbar abgedroschen und wird nicht mehr ernst genommen. Welche besseren Möglichkeiten haben Sie?

- Erzählen Sie die Vorgeschichte zur Präsentation!
- Zeigen Sie zu Beginn eine Demonstration!
- Legen Sie eine nette oder eine witzige Folie auf!
- Beginnen Sie mit einem aktuellen Ereignis!
- Nennen Sie ein Zitat oder ein Motto, das zum Thema passt!
- Erzählen Sie einen Witz oder eine nette Anekdote!
- Greifen Sie vorangegangene Reden auf!
- Beginnen Sie mit einer Behauptung oder These!

Selbstverständlich gibt es noch etliche andere Möglichkeiten. Wichtig ist, dass Sie einen Anfang finden, der zu Ihnen und der Situation passt. Erzählen Sie keinen Witz, wenn Sie keine Witze erzählen können. Genauso, wie Sie viel mit einem guten Anfang gewinnen können, können Sie mit einem schlechten verlieren.

Erstellen Sie die Einleitung zum Schluss!

Um eine Einleitung zu erstellen, müssen Sie wissen, was Sie einleiten wollen. Erst wenn Sie den Hauptteil und den Schluss Ihres Vortrages geplant haben, verfügen Sie über die notwendigen Informationen, um eine wirklich gute Einführung zu gestalten.

Was sollte der Schluss beinhalten?

Sie haben den Hauptteil Ihrer Präsentation abgeschlossen und kommen nun zum Schluss. Zunächst einmal sollten Sie die Inhalte Ihrer Präsentation kurz zusammenfassen. Ziehen Sie ein Resümee und geben Sie nochmals einen kurzen Überblick über die Zusammenhänge. Stellen Sie abschließend nochmals kurz den Nutzen für die Zuhörer heraus, bevor Sie zum Schlusswort kommen.

Treffen Sie Vereinbarungen mit Ihrem Publikum!

Mit Ihrer Präsentation haben Sie eine bestimmte Absicht verfolgt. Meist sind Sie an ein Publikum herangetreten, um es zu einer Handlung zu bewegen. Wenn Sie ein neues Konzept dargelegt haben, möchten Sie, dass das Konzept akzeptiert und übernommen wird. Wenn Sie ein Produkt vorgestellt haben, möchten Sie, dass es gekauft wird. Und wenn Sie einfach nur informiert haben, möchten Sie, dass das Publikum diese Informationen konstruktiv nutzt. Sie sollten die nächsten Schritte daher konkret ansprechen. »Wir werden demnächst noch mal darüber sprechen« ist eine halbherzige und zum Scheitern verurteilte Vereinbarung. »Wir werden uns in der kommenden Woche nochmals zusammensetzen. Den Termin werden wir Ihnen morgen bekannt geben!« ist dagegen eine Vereinbarung, die verbindlich ist und daher auch ernst genommen wird.

Was ist ein guter Abschluss?

Der Schluss ist einer der wichtigsten Teile der Präsentation. Er ist der letzte Eindruck, mit dem die Zuhörer die Veranstaltung verlassen. »Der Anfang prägt, das Ende haftet.« Immer wieder kommt es vor, dass Präsentationen im Sande verlaufen und dass der Redner gegen eine Aufbruchstimmung ankämpfen muss. Das liegt meist daran, dass der Vortragende den zeitlichen Rahmen nicht eingehalten hat, dass die Struktur und das Ende des Vortrages für die Zuhörer nicht erkennbar waren oder dass der Redner seinen Vortrag geistig bereits beendet hat, obwohl er noch auf der Bühne steht.

Bereiten Sie den Schluss sorgfältig vor!

Ein guter Schluss muss vorbereitet sein. Er sollte für den Zuhörer als solcher eindeutig erkennbar sein. Zuhörer wollen immer gerne wissen, was sie erwartet. Ein Satz wie »Ich komme nun zum letzten Punkt, bevor ich schließe« gibt

den Zuhörern eine Orientierung, wie lange der Vortrag noch ungefähr dauern wird. Machen Sie bitte auf keinen Fall den Fehler, dem letzten Punkt noch einen Allerletzten hinzuzufügen. Es gibt für einen Zuhörer wohl kaum etwas Unangenehmeres, als wenn ein Vortragender bereits zum fünften Mal das Ende ankündigt.

Mit dem Schlusswort bedanken Sie sich bei Ihrem Publikum für das entgegengebrachte Interesse. Achten Sie bitte darauf, dass Sie ehrlich bleiben und keine abgedroschenen Phrasen verwenden.

Wählen Sie für den Schluss einprägsame Worte!

Versuchen Sie Ihr Publikum mit dem letzten Satz zum Nachdenken anzuregen oder zum Lachen zu bringen. Rufen Sie Emotionen beim Publikum hervor. Erlebnisse, die mit Emotionen verknüpft sind, bleiben länger im Gedächtnis haften. Ronald Reagan beendete eine Rede, die kurz vor dem Mittagessen stattfand, mit den Worten: »Danke schön und Gott segne Sie. Und nun die Worte, die Sie gerne von mir hören möchten: Lassen Sie uns jetzt etwas zusammen essen.«

Machen Sie sich bewusst, dass eine Präsentation nach dem Abschluss noch nicht zu Ende ist. Es gibt immer wieder Zuhörer, die auch nach dem Vortrag noch Fragen haben. Diese sollten Sie in Ruhe beantworten.

Stehen Sie Ihren Zuhörern auch nach der Präsentation noch zur Verfügung!

Neben dem Aspekt, dass Sie auf die Bedürfnisse und Fragen der Zuhörer eingehen und nochmals Ihre Kompetenz unterstreichen, haben Sie in Gesprächen nach einer Präsentation die Chance, persönliche Kontakte zu knüpfen. Diese Chance sollten Sie nicht an sich vorbeiziehen lassen.

Wie sollte die Redezeit eingeteilt werden?

Stellen Sie sich folgende Situation vor: Sie sitzen als Zuhörer in einer Präsentation mit einem interessanten Thema. Als zeitlicher Rahmen wurde eine Stunde angesetzt. Der Vortragende stellt das Thema spannend dar. Sie und die anderen Zuhörer sind begeistert. Die Stunde ist fast um, und der Vortragende macht noch keine Anstalten, zum Ende zu kommen. Genauso wie viele andere aus dem Publikum haben Sie einen Termin. Sie warten noch fünf Minuten ab und werden langsam nervös. Dann, nach weiteren fünf Minuten, verlassen die ersten Zuhörer den Raum. Sie bleiben noch, obwohl Sie inzwischen auf heißen Kohlen sitzen. Vom Inhalt der Präsentation bekommen Sie kaum noch etwas mit. Dann nach weiteren fünf Minuten ist die Präsentation endlich zu Ende und Sie und die restlichen Zuhörer stürmen aus dem Saal.

Der Präsentator hat eine hervorragende Präsentation gehalten und sich dadurch, dass er deutlich überzogen hat, um den Lohn der Arbeit gebracht. Er hat das Publikum das Ende nicht miterleben lassen. Selbst wenn er am Ende des Vortrages einen Höhepunkt setzt, hat dieser keine Wirkung mehr, da die Zuhörer sich bereits vorher gedanklich verabschiedet haben. Die Präsentation wird den Zuhörern bei weitem nicht so gut in Erinnerung bleiben, wie sie war.

Planen Sie ungefähr 15 Prozent Pufferzeit ein!

Sie müssen immer damit rechnen, dass es zu Verzögerungen kommt. Planen Sie diese von vorneherein mit ein. Wenn Sie einen halbstündigen Vortrag halten, sollten Sie fünf Minuten Pufferzeit einplanen, bei einem einstündigen Vortrag zehn Minuten. Von der restlichen Zeit sollten Sie etwa zehn Prozent für den Anfang, 80 Prozent für den Hauptteil und nochmals maximal zehn Prozent für das Ende einplanen.

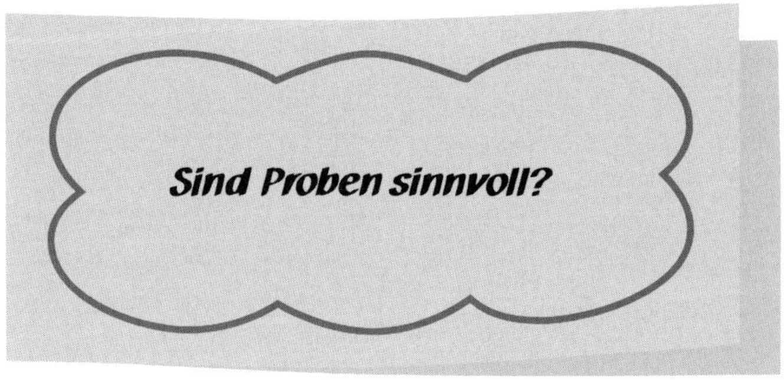

Diese Frage kann nur mit einem entschiedenen »Ja« beantwortet werden. Es gibt erfahrene Präsentatoren, die anderer Auffassung sind und meinen, ihre Spontaneität würde leiden, wenn sie vorher proben. Wir denken, dass dies ein vorgeschobener Grund für Bequemlichkeit, chronischen Zeitmangel beziehungsweise ein schlechtes Zeitmanagement ist.

Machen Sie eine Generalprobe!

Diese Generalprobe sollten Sie unter möglichst realistischen Bedingungen durchführen. Gut ist, wenn sich bei der Generalprobe ein Publikum um Sie schart. Aber auch dann, wenn Sie keine Zuhörer haben, sollten Sie die Präsentation so durchführen, als ob Sie in dem eigentlichen Vortrag stehen. Gehen Sie die Präsentation nicht nur gedanklich durch. Halten Sie Ihren Vortrag laut und arbeiten Sie schon in der Generalprobe mit den eingesetzten Medien. Sie werden auf diese Weise genau feststellen, wo es hakt und außerdem ein Gefühl für die benötigte Zeit bekommen.

Die Frage ist also nicht die, ob Sie proben sollten, sondern wie viel Sie proben sollten. Die Beantwortung dieser Frage ist von Ihrem Selbstbewusstsein, Ihrer Erfahrung und Ihrer Spontaneität abhängig. Wenn Sie jemand sind, der wenig spontan ist, können Sie nicht genug üben. Sie werden mit jeder Probe professioneller werden und ein immer höheres Niveau erreichen. Sollten Sie eine Person sein, die in Vorträgen von Ihrer Spontaneität lebt, sollten Sie weniger proben. Sie tun sich keinen Gefallen, wenn Sie den Vortrag so sehr automatisieren, dass Sie nicht mehr spontan reagieren können. Sie werden während der Proben sehr schnell feststellen, wann der Punkt erreicht ist, an dem Sie aufhören sollten zu üben. In den meisten Fällen reichen zwei bis drei Probedurchgänge aus.

Nehmen Sie sich mit der Videokamera auf!

Das beste Feedback, das Sie bekommen können, bietet Ihnen eine Videokamera. Wir nehmen uns in den verschiedensten Situationen anders war als uns ein Dritter wahrnimmt. Über eine Videoaufnahme haben Sie die Möglichkeit, sich selbst von außen zu betrachten und Ihre Eigenwahrnehmung mit der Fremdwahrnehmung abzugleichen. Wenn Sie sich selbst immer wieder kritisch hinterfragen und in regelmäßigen Abständen eine Videoanalyse durchführen, wird sich Ihr persönliches Auftreten zunehmend verbessern.

Zehn Tipps und Tricks, wie Sie Präsentationen auf keinen Fall vorbereiten sollten

- Verschwenden Sie keine Zeit damit, ein Ziel zu formulieren! Sie wissen schon, worauf es ankommt.
- Kümmern Sie sich nicht um den Nutzen für die Zuhörer! Ihnen zuhören zu dürfen ist Lohn genug.
- Informieren Sie sich auf keinen Fall über Ihre Zuhörer. Das könnte dazu führen, dass Sie voreingenommen sind. Zudem ist es viel spannender, wenn Sie vorher nicht wissen, wer anwesend sein wird.
- Bauen Sie am Anfang ein oder zwei Pannen ein, und zeigen Sie, dass Sie auch nur ein Mensch sind!
- Erzählen Sie auf jeden Fall einen Witz! Je peinlicher der Witz ist, umso einprägsamer ist er.
- Geben Sie dem Publikum keinen Überblick über Ihre Inhalte! Ihre Zuhörer lieben Überraschungen.
- Treten Sie dem Zuhörer nicht zu nahe und treffen Sie keine Vereinbarungen mit ihm! Wenn Sie Ihr Publikum überzeugt haben, wird es schon auf Sie zukommen.
- Bereiten Sie Ihre Vorträge so vor, dass Sie genügend Inhalt für die doppelte Vortragszeit haben!
- Proben Sie auf keinen Fall! Seien Sie spontan!
- Klären Sie die Rahmenbedingungen erst unmittelbar vor dem Vortrag ab! Schließlich ist es Aufgabe des Hausmeisters, sich um den Raum zu kümmern.

Tipps und Tricks zur Foliengestaltung

Wie viele Folien sind erlaubt?

Sie kennen doch sicher auch die Folienschlachten, mit denen der Vortragende die Zuhörer gnadenlos erschlägt. Wer in einem halbstündigen Vortrag 50 Folien auflegt, macht auf jeden Fall den entscheidenden Fehler, dass er übertreibt. Doch wie viele Folien sind erlaubt? Diese Frage lässt sich leider nicht eindeutig beantworten, da verschiedene Faktoren eine Rolle spielen. So ist zum Beispiel entscheidend, wie viele Informationen auf den einzelnen Folien dargestellt werden und ob der Inhalt schwer oder leicht verständlich ist. Da Bilder weitaus besser und schneller verarbeitet werden können, sind bei guten Visualisierungen mehr Folien möglich als bei reinen Schriftfolien. Und wenn Sie mit einer mehrfach auftauchenden Übersichtsfolie arbeiten, um dem Zuhörer eine Orientierung zu geben, dann muss diese Folie nicht als zusätzliche Belastung, sondern als Entlastung für den Zuhörer gewertet werden.

Verwenden Sie so viele Folien wie nötig und so wenig wie möglich!

Auch hier gilt die soeben genannte Regel: so viel wie nötig und so wenig wie möglich. Je weniger Informationen eine Folie beinhaltet, umso leichter kann sie verarbeitet werden. Sehr häufig werden Folien mit unnötigen Informationen überfrachtet. Auf mehrmaliges Nachfragen stellt sich beispielsweise heraus, dass von den dargestellten Zahlen über die Hälfte unnötiges Beiwerk sind. Eine Folie ist dann gut, wenn Sie nichts mehr weglassen können.

Stellen Sie auf Ihren Folien nur die wesentlichen Informationen dar!

Um Klarheit darüber zu bekommen, welche Informationen wesentlich sind, ist es eine gute Übung, die Kernaussagen der Folien aufzuschreiben. Oft benutzen Vortragende Folien, die keine Kernaussage enthalten. Diese Folien sind meistens unwichtig und können wegfallen. Genauso häufig kommt es vor, dass Vortragende auf einer Folie zwei oder drei wichtige Informationen zusammenfassen. So werden zum Beispiel zwei wichtige Diagramme auf einer Folie dargestellt. Durch dieses Vorgehen wird die Kernaussage abgeschwächt.

Verwenden Sie pro Kernaussage eine Folie!

Das bedeutet in unserem Beispiel, zwei Diagramme – zwei Folien. Jede Folie sollte also mit einer wichtigen Kernaussage verknüpft sein. Wenn Sie diese Kernaussagen nun aneinander reihen, ist es für Sie recht einfach, die Struktur und den logischen Aufbau Ihres Vortrages zu überprüfen.

Doch auch dann, wenn der Vortragende mit seiner Folie nur eine einzige Kernaussage transportieren möchte, sind Folien sehr häufig mit Informationen überfrachtet. Nicht selten sehen wir Folien mit deutlich mehr als zehn Zeilen beziehungsweise Unterpunkten.

Verwenden Sie bei Textfolien maximal sieben Zeilen!

Sieben Zeilen reichen in den meisten Fällen völlig aus, um die wichtigsten Inhalte zu vermitteln. Bei mehr als sieben Zeilen beziehungsweise Unterpunkten weichen Vortragende meist sehr schnell vom Wesentlichen ab und verlieren sich in Nebensächlichkeiten. Sollten Sie in eine der seltenen Situationen geraten, mehr als sieben Unterpunkte aufführen zu müssen, dann gibt es zwei Möglichkeiten, wie Sie das Problem sinnvoll lösen können. Sie sollten die Unterpunkte entweder auf zwei Folien verteilen oder die sechs wichtigsten Unterpunkte konkret benennen und die restlichen Punkte in der siebten Zeile unter »Sonstiges« zusammenfassen. Wir erleben es immer wieder, dass auf einer Folie Unterpunkte auftauchen, die vom Vortragenden nicht erwähnt werden. Achten Sie bitte darauf, dass auf Ihren Folien nur Inhalte aufgeführt sind, über die Sie auch sprechen. Inhalte, über die Sie nicht sprechen, sollten Sie aus Ihren Folien entfernen.

Wenn Sie die von uns auf Seite 47 empfohlenen Schriftgrößen verwenden, werden Sie maximal acht Zeilen in die Folie einfügen können. Mehr Zeilen wären also nur auf Kosten der Schriftgröße und damit der Lesbarkeit möglich.

Viele Vortragende möchten dem Zuhörer einen Gefallen tun und ihm die Aussagen mundgerecht präsentieren. Aus diesem Grunde schreiben sie ganze Sätze auf die Folien. Daraus resultiert, dass der Vortragende meist zur Wand blickend den Text vorliest und dass der Zuhörer versucht, die Sätze in seinem eigenen Tempo zu lesen. Der Vortragende verliert die Aufmerksamkeit des Zuhörers.

Verwenden Sie Stichwörter statt ganzer Sätze!

Lassen Sie daher konsequent alles weg, was nicht unbedingt notwendig ist.

Natürlich gibt es auch Ausnahmen von der Regel. So ist es sinnvoll Definitionen, Gesetzestexte und Zitate ungekürzt auf die Folie zu bringen. Überprüfen Sie im Vorfeld aber bitte, ob diese Sätze wirklich zwingend erforderlich sind. Wenn ja, lassen Sie dem Zuhörer genügend Zeit, die Sätze zu lesen. Machen Sie eine Pause, sobald der Satz im Blickfeld des Zuhörers erscheint.

Viele Präsentatoren verwenden Folien, die, obwohl nur Stichworte verwendet werden, irritierend sind. Der Grund dafür liegt in der Uneinheitlichkeit der Formulierungen. Hierzu zur Verdeutlichung ein Beispiel.

Schulungsinhalte:
- Vorbereitung einer Präsentation
- Eine Präsentation strukturieren
- Inhaltliche Aufbereitung
- Foliengestaltung
- Medien einsetzen

Achten Sie auf die Einheitlichkeit Ihrer Formulierungen!

Das bedeutet, dass Sie Tätigkeiten mit Substantivierungen nicht vermischen sollten. Gestalten Sie Ihre Folien so, dass Sie entweder konsequent Tätigkeiten benennen oder konsequent die Substantivierung verwenden. Für das obige Beispiel ergeben sich folgende Möglichkeiten:

Schulungsinhalte:
- Präsentation vorbereiten
- Präsentation strukturieren
- Inhalt aufbereiten
- Folien gestalten
- Medien einsetzen

Schulungsinhalte:
- Vorbereitung einer Präsentation
- Methoden zur Strukturierung
- Inhaltliche Aufbereitung
- Foliengestaltung
- Medieneinsatz

Innerhalb einer Folie sollten die Formulierungen einheitlich sein. Noch schöner, aber nicht zwingend erforderlich, ist, wenn die Formulierungen innerhalb der gesamten Präsentation einheitlich sind.

Welche Folien sollten nicht fehlen?

Auch wenn Sie versuchen mit so wenig Folien wie möglich zu arbeiten, sind natürlich einige Folien Pflicht. Die Begrüßungs- beziehungsweise Titelfolie wird von nahezu allen Vortragenden eingesetzt, die Abschlussfolie von den meisten. Beide sollten genauso Pflicht sein wie die Übersichtsfolie, die leider sehr häufig fehlt. Auf der Übersichtsfolie sollten Sie den Zuhörern einen Überblick darüber geben, was sie erwartet.

Stellen Sie zu Beginn Ihres Vortrages Ihre Gliederung vor!

Das hat den Vorteil, dass von Anfang an der rote Faden erkennbar ist. Selbst in dem Fall, dass ein Zuhörer einmal nicht mehr weiß, wo Sie sind, wird er wieder sehr schnell in den Vortrag zurückfinden. Bei langen Vorträgen ist es zudem für den Zuhörer angenehm, wenn er überblicken kann, wie lange der Vortrag noch dauert.

Die Übersichts- oder Gliederungsfolie können Sie immer wieder dann einblenden, wenn Sie einen Unterpunkt abgeschlossen haben und zum nächsten kommen. Hierbei ist es günstig, den aktuellen, also den nächsten Unterpunkt hervorzuheben.

Neben der klar erkennbaren Struktur hat dieses Vorgehen den Vorteil, dass der Zuhörer jederzeit eine klare Orientierung hat und dass Sie ihm eine kleine Verschnaufpause zugestehen.

Verzichten Sie bei kurzen Vorträgen auf das wiederholte Einblenden der Übersichtsfolie!

Da die Schrift nichts anderes ist als ein Informationsträger, sollte sie gut lesbar sein. Verzichten Sie daher auf Schriften mit Schnörkeleien, auch wenn Sie persönlich diese Schriften sehr schön finden. Frakturschriften und Schreibschriften kommen daher für die Erstellung von Folien nicht in Frage. Ebenso sollten Sie die dritte Gruppe der Schriften, die Antiquaschriften vermeiden, da diese durch Serifen verziert ist. Dieses führt dazu, dass die Schrift durch die Projektion verzerrt wird. Die bekannteste Schriftart dieser Gruppe ist Times New Roman, eine Schrift, die sich sehr gut für Bücher und Handouts eignet.

Verwenden Sie leicht lesbare Schriften mit großer Zeichenbreite!

Dafür kommen die Grotesk-Schriften in Frage. Sie weisen ein klares, schlichtes und modernes Erscheinungsbild auf. Sie haben keine Serifen und keine sonstigen Verzierungen. Die bekannteste Schriftart dieser Gruppe ist Arial.

Verwenden Sie innerhalb Ihrer Präsentation konsequent ein und dieselbe Schrift. Mehr als zwei Schriftarten auf einer Folie sind ungünstig.

Einer der häufigsten Fehler, der bei der Erstellung von Folien gemacht wird, ist, dass die Schrift viel zu klein ist. Der Grund dafür ist meist die Fülle an Informationen, die der Vortragende auf einer Folie unterbringen möchte. Hier greift natürlich wieder der Tipp, sich auf das Wesentliche zu konzentrieren und Unwesentliches konsequent wegzulassen. Wenn Sie diesen Rat beherzigen, werden Sie keine Schwierigkeit haben, mit einer gut lesbaren Schriftgröße zu arbeiten.

Verwenden Sie für die Überschrift die Größe 44 und für die Unterpunkte die Schriftgröße 28!

Ein weiterer Fehler, der bezüglich der Schriftgröße sehr häufig gemacht wird, ist der ständige Wechsel der Schriftgrößen innerhalb einer Präsentation. Die Größe der Überschrift wechselt beispielsweise von 24 bis 48 und die der Unterpunkte von 12 bis 32. So kommt es vor, dass der Unterpunkt der einen Folie größer dargestellt ist als die Überschrift der anderen Folie.

Behalten Sie innerhalb einer Präsentation konsequent die gewählten Schriftgrößen bei!

Um Inhalte hervorzuheben, arbeiten Vortragende mit den unterschiedlichsten Techniken. So werden die Schriften zum Beispiel farbig hervorgehoben, *kursiv* dargestellt, hinterlegt, oder es werden nur GROSSBUCHSTABEN verwendet. Wichtig ist auch hier, die Lesbarkeit im Auge zu behalten. So wird kursive Schrift manchmal durch den Beamer verzerrt, und das menschliche Auge ist es nicht gewohnt, Wörter, die nur aus Großbuchstaben bestehen, zu verarbeiten.

Um Inhalte hervorzuheben, markieren Sie diese fett und verwenden Sie die normale Groß- und Kleinschrift!

Wenn Sie dennoch mal etwas anderes ausprobieren möchten, sollten Sie eine Generalprobe machen. Probieren Sie mit Einsatz des Beamers aus, wie Ihre Hervorhebungen wirken.

Wenn Sie mit Stichwörtern arbeiten, machen Sie das meist in Form von Aufzählungen. Dadurch kann der Zuschauer leicht erkennen, wo ein neuer Gedanke beginnt. Die Aufzählungszeichen, die Sie innerhalb einer Präsentation verwenden, sollten nicht variieren. Verwenden Sie bitte konsequent die gleichen Zeichen.

Setzen Sie Aufzählungszeichen vor Ihre Textzeilen!

Welche Farben sind erlaubt?

Generell gesehen ist fast jede Farbe erlaubt. Wichtig ist, in welchem Zusammenhang und in welcher Kombination sie auftaucht. So ist zum Beispiel eine gelbe Schrift auf weißem Hintergrund ungünstig, weil sie schwer lesbar ist.

Arbeiten Sie mit kontrastreichen, gut lesbaren Farben!

Zudem hat jede Farbe ihre ganz eigene Wirkung. Die Farben Gelb, Rot und Orange sind warme Farben, die sich als Hintergrundfarbe nur selten eignen. Die Farben Grün und Blau sind kalte Farben, die den Zuschauer eher entspannen als die warmen Farben. Sie eignen sich gut als Hintergrund. Die Farben Schwarz, Weiß und Grau sind neutrale Farben, die eine gute Gestaltungsgrundlage bilden. Sinnvoll ist es, diese neutralen Farben mit den nicht-neutralen Farben zu kombinieren, so zum Beispiel dunkelblaue Schrift auf weißem Hintergrund. Vermeiden Sie helle Schriften auf dunklem Hintergrund. Diese sind ungewohnt und dadurch schwerer lesbar.

Arbeiten Sie mit dunkler Schrift auf hellem Hintergrund!

Durch den Einsatz von Farben lockern Sie Ihre Präsentation auf. Dennoch sollten Sie darauf achten, dass Sie nicht zu viele Farben innerhalb einer Folie verwenden. Hierdurch entsteht schnell eine unruhige Wirkung.

Beschränken Sie sich innerhalb einer Folie auf zwei Farben!

Bei der Arbeit mit einem Beamer passiert es immer wieder, dass die Farben stark verändert werden.

Testen Sie beim Einsatz des Beamers immer die Farbauswahl Ihrer Folien!

Diesen Test sollten Sie bei jedem Beamer durchführen, mit dem Sie noch nicht gearbeitet haben. Es kann durchaus sein, dass bei einem Beamer eine Farbe überhaupt nicht verändert wird, während ein anderer Beamer diese Farbe drastisch verändert.

Da es leider nicht immer möglich ist, einen Probedurchgang mit dem Beamer durchzuführen, der bei der Präsentation zur Verfügung steht, ist es sinnvoll, in solchen Fällen auf sichere Farben zurückzugreifen. Dies sind in der Regel die Grundfarben.

Vermeiden Sie bei Präsentationen mit einem fremden Beamer Mischfarben!

Wie sollte der Inhalt dargestellt werden?

Die Antwort auf diese Frage muss natürlich lauten: so einfach wie möglich. Das beginnt mit der Art und Weise, wie vorgetragen wird und endet mit der Erstellung der Folie. Leider kommt es sehr häufig vor, dass Vortragende die Zuhörer mit unnötigen Fachbegriffen und Fremdwörtern sowie mit überfrachteten und unübersichtlichen Folien überfordern.

Viele Vortragende sind der Überzeugung, dass sie nur dann kompetent erscheinen, wenn sie diese Kompetenz auch in ihrer Wortwahl demonstrieren. Sie benutzen viele Fremdwörter und Fachbegriffe.

Denken Sie bitte daran, dass Sie als Vortragender der Profi sind. Sie sind der Experte Ihres Faches, und die Zuhörer haben in den meisten Fällen nicht das Fachwissen, über das Sie verfügen.

Verwenden Sie eine einfache Sprache und verzichten Sie auf Fremdwörter, Abkürzungen und nicht-alltägliche Fachbegriffe!

Wenn Sie dennoch in eine Situation kommen, in der Sie ein Wort verwenden, das schwer verständlich sein könnte oder das nicht eindeutig ist, sollten Sie dieses Wort erklären.

Definieren Sie neue, nicht eindeutige und schwer verständliche Begriffe!

Damit sind keineswegs nur Fremdwörter und Fachbegriffe gemeint, sondern auch ganz normale deutsche Wörter und Sätze. So wird ein Finanzmensch unter der Aussage »Der Kunde ist schwierig« etwas anderes verstehen als ein Techniker. Die konkrete Aussage »Der Kunde zahlt nicht« ist hingegen eindeutig formuliert.

Viele Inhalte sind unter anderem deshalb schwer verständlich, weil sie viel zu abstrakt und damit nicht greifbar sind. Es wird über eine Theorie gesprochen und der Bezug zur Praxis fehlt.

Geben Sie konkrete, alltagsnahe und praxisbezogene Beispiele!

Das Problem, dass Folien unübersichtlich gestaltet und überfrachtet sind, bekommen Sie dadurch in den Griff, dass Sie sich auf das Wesentliche konzentrieren.

Doch wie stellen wir das Wesentliche auf einer Folie dar? Da das Gedächtnis Informationen hauptsächlich in Bildern abspeichert, ist es natürlich sinnvoll, den Inhalt, den Sie präsentieren, bildhaft darzustellen.

Wenn Sie einen Vortrag halten, erreichen Sie das Publikum zunächst einmal mit Ihren Worten. Zahlreiche Untersuchungen haben gezeigt, dass ein Zuhörer nur etwa 20–30 Prozent des Gesagten behält. Wenn wir das Gesagte dagegen durch Abbildungen ergänzen, behält der Zuhörer, der damit auch ein Zuschauer ist, etwa 80 Prozent des Dargestellten.

Visualisieren Sie Ihre Inhalte!

Zu dem hohen Behaltens- und Verstehenseffekt kommt noch, dass ein Vortrag interessanter und motivierender ist, wenn er durch ansprechende Bilder ergänzt wird.

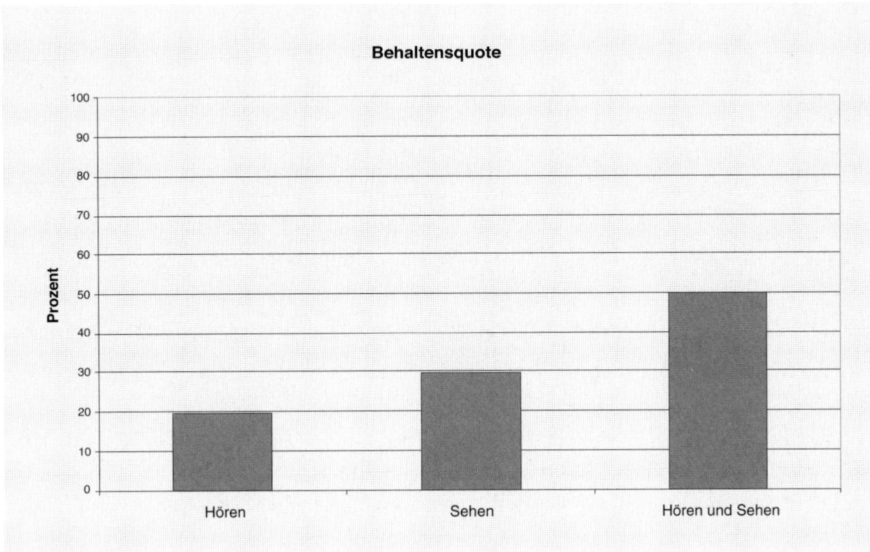

Wie sollten Visualisierungen aussehen?

Es gibt die unterschiedlichsten Möglichkeiten Inhalte zu visualisieren. So können Sie Diagramme erstellen, Bilder, Fotos und ClipArts einbinden, mit AutoFormen arbeiten, eigene Zeichnungen erstellen, Inhalte farblich hervorheben, Videos einspielen, dreidimensionale Objekte entwerfen und das Ganze noch zielgerichtet animieren. Ihrer Kreativität sind keine Grenzen gesetzt. Das einzige, was Sie dabei im Auge behalten müssen, ist, dass die Visualisierung Ihre Kernaussage untermauert und dass sie nicht zu verspielt wirkt.

Es kommt leider recht häufig vor, dass der Präsentator ein nettes Bild zeigt, das eine ganz andere Aussage widerspiegelt als die, die beabsichtigt war. Woran liegt das? Es hat insbesondere etwas damit zu tun, dass sich der Vortragende die Kernaussage der Folie nicht klar genug vor Augen geführt hat oder dass die Visualisierung vor der Kernaussage entstanden ist. Der Vortragende hatte ein Bild ausgewählt, bevor er sich im Klaren darüber war, was er übermitteln möchte. Und an diesem Bild hat er festgehalten.

Überprüfen Sie, ob Kernaussage und Visualisierung zueinander passen!

Reduzieren Sie die Visualisierung auf das Wesentliche. Lassen Sie unwichtige Informationen weg. Achten Sie darauf, dass Ihre Bilder eindeutig sind und keinen Spielraum zu einer anderweitigen Interpretation zulassen.

Gestalten Sie Ihre Visualisierungen klar, einfach und aussagekräftig!

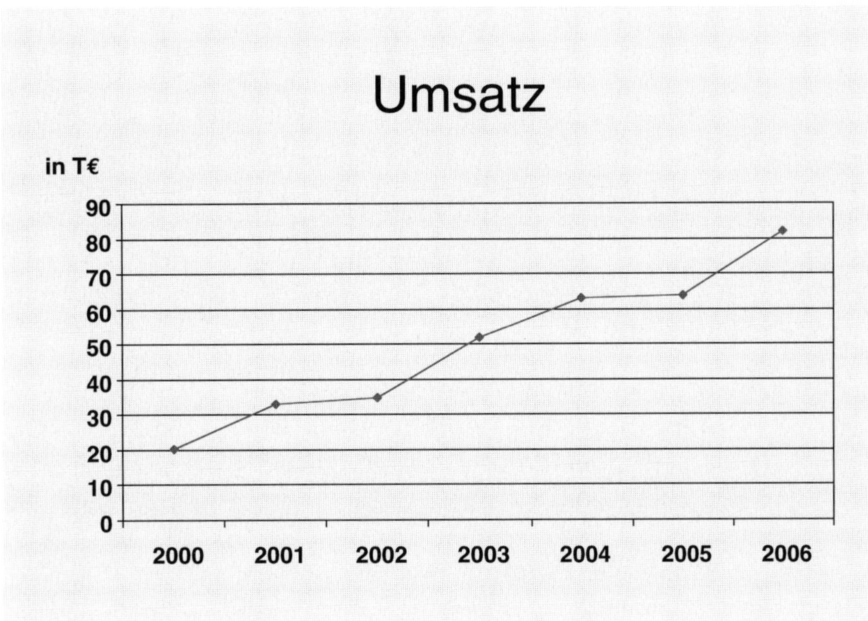

Führen Sie sich immer wieder vor Augen, dass Sie als Vortragender die Aufmerksamkeit der Zuhörer und Zuschauer steuern. Schalten Sie alles aus, was ablenken könnte. Sorgen Sie dafür, dass der Zuschauer mit seiner Aufmerksamkeit genau da ist, wo Sie ihn haben wollen. Das bedeutet für Visualisierungen, dass Sie diese nicht überfrachten, Unnötiges weglassen, die Datenmenge so klein wie möglich halten und dass Sie das Bild gegebenenfalls so animieren, dass der Zuschauer im Blick hat, worüber Sie gerade reden.

Im Umgang mit Zahlen werden zwei entscheidende Fehler gemacht. Zum einen werden viel zu viele Zahlen an die Wand projiziert, zum anderen werden diese dann so präsentiert, dass sie für den Zuschauer nur schwer verständlich sind. Wenn der Vortragende zu viele Zahlen vorlegt, führt das dazu, dass der Zuschauer von der Hauptaussage abgelenkt wird. Er versucht sich in der Fülle der Zahlen zurechtzufinden und der Vortragende verliert die Aufmerksamkeit.

Diesen Fehler umgehen Sie, wenn Sie sich die Frage stellen, welche Zahlen für Ihre Kernaussage wirklich relevant sind. Nur diese Zahlen sollten Sie darstellen. Alle anderen Zahlen sollten Sie aus der Folie entfernen.

Beschränken Sie die Datenmenge auf die Kernaussage!

Häufig werden zu viele Zahlen dargestellt, weil der Vortragende mit detaillierten Fragen aus dem Publikum rechnet und weil er glaubt, dass diese Zahlen von ihm erwartet werden. Für Fragen aus dem Publikum gewappnet zu sein ist natürlich sinnvoll. Die Lösung dafür ist recht einfach.

Bereiten Sie eine Folie mit detaillierten Zahlen vor, die Sie bei Nachfragen präsentieren können!

Es wirkt weitaus professioneller, wenn Sie Ihre Zuhörer nicht von vorneherein mit Zahlen erschlagen, sondern Zahlen auf Nachfrage gut vorbereitet aus dem Ärmel schütteln.

Zahlen sind etwas Abstraktes. Wir sind zwar in der Lage, uns Zahlen kleinerer Größenordnung vorzustellen und voneinander zu unterscheiden, bei größeren Zahlenmengen ist das aber nicht mehr möglich.

Um Zahlen zu verstehen und langfristig zu behalten, ist es also sinnvoll, diese gehirngerecht zu präsentieren.

Stellen Sie Zahlen bildhaft dar!

Wie Zahlen bildhaft dargestellt werden, wissen die meisten Vortragenden, doch viel zu wenige nutzen dieses Wissen. Nachfolgend ein paar Beispiele:

Mit dem **Säulendiagramm** können Sie zeitliche Verläufe aufzeigen. Mit gruppierten Säulen stellen Sie dar, wie sich Kontraste mit der Zeit entwickeln.

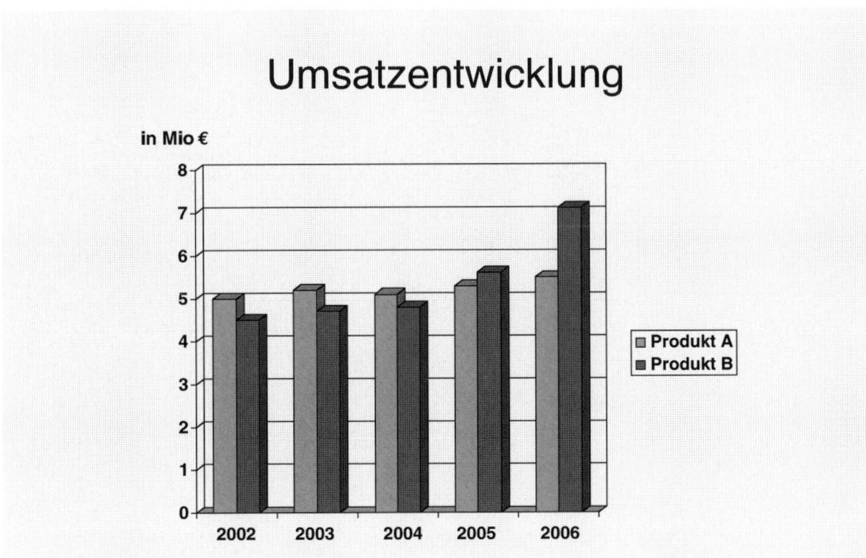

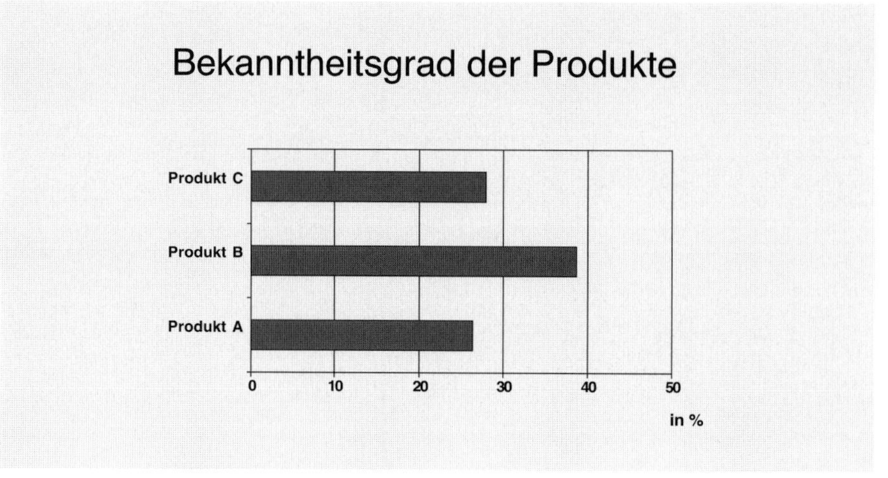

Das horizontale **Balkendiagramm** eignet sich gut für Vergleiche zu einem bestimmten Zeitpunkt. Durch die Anordnung sind auch kleine Unterschiede deutlich zu erkennen.

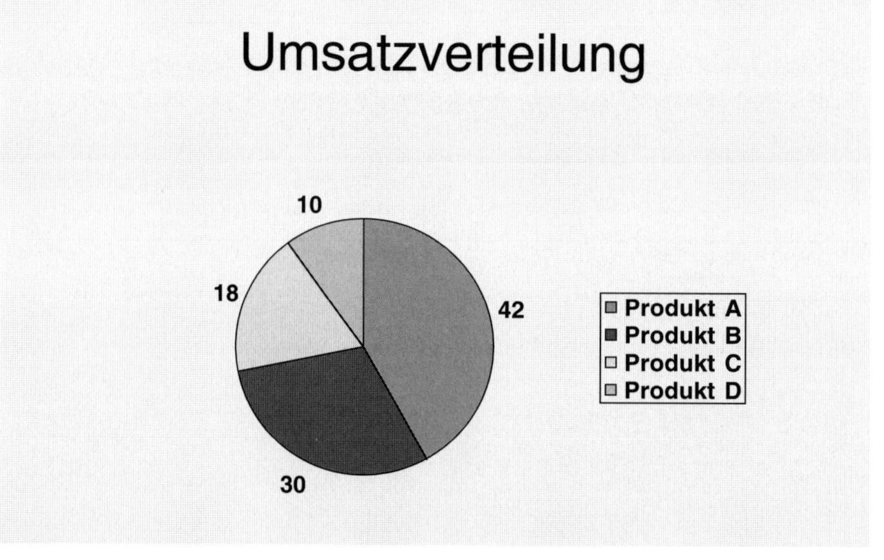

Das **Kreisdiagramm** verdeutlicht das Verhältnis einzelner Positionen zum Ganzen, also den prozentualen Anteil. Da Vergleiche zwischen zwei ähnlich großen Tortenstücken nahezu unmöglich sind, sollten Sie die Regel beachten, die Tortenstücke, ausgehend von der 12-Uhr-Linie, der Größe nach im Uhrzeigersinn anzuordnen.

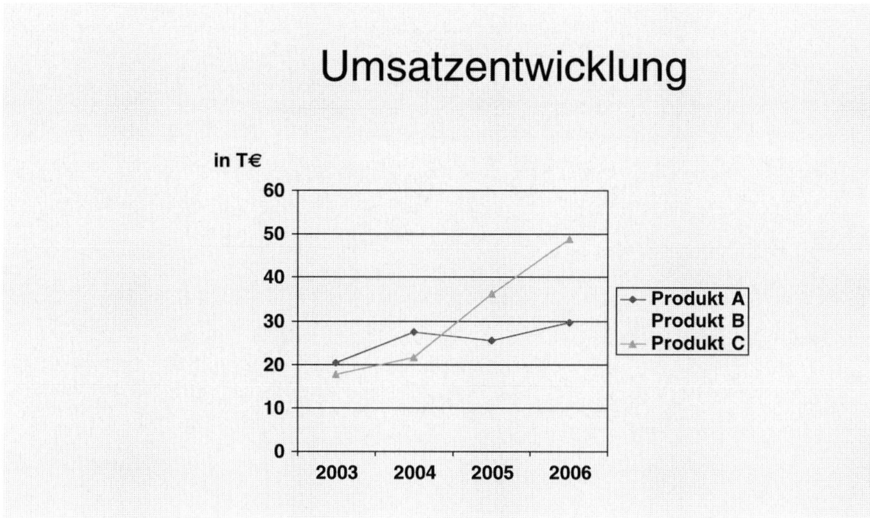

Im **Linien-** oder **Kurvendiagramm** werden zeitliche Verläufe dargestellt. Es ist eine Darstellung mit Datenpunkten möglich, die für jeden Datenwert angezeigt werden.

Um entscheiden zu können, welcher Diagrammtyp für Ihre Darstellung der richtige ist, müssen Sie zunächst wissen, welche Kernaussage Sie treffen möchten. Dann sollten Sie sich die Frage stellen, welcher Vergleich hinter Ihrer Aussage steckt.

Achten Sie bitte darauf, dass Ihr Präsentationsdiagramm einfach und leicht verständlich ist. Die Kernaussage sollte mit einem Blick erfasst werden können. Führen Sie sich bitte vor Augen, dass jedes Diagramm eine »Manipulation« ist, da in den allermeisten Fällen nicht die gesamte Datenmenge dargelegt wird und auch gar nicht dargestellt werden kann.

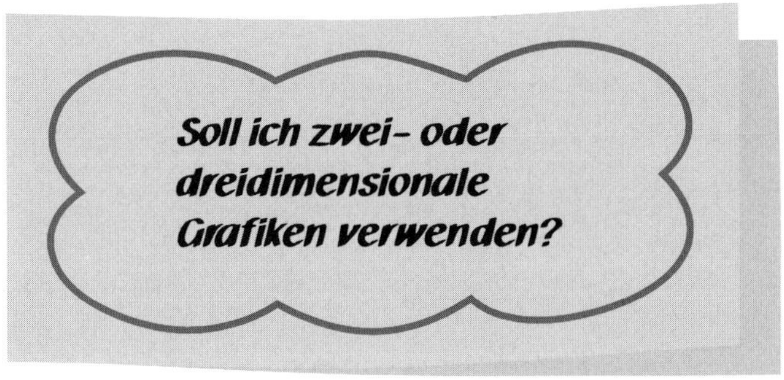

Die Beantwortung dieser Frage ist davon abhängig, was Sie mit Ihrer Darstellung erreichen möchten. Wie Sie in den beiden folgenden Abbildungen erkennen können, ist die dreidimensionale Darstellung ansprechender als die zweidimensionale. Dafür werden bei der dreidimensionalen Darstellung die Zahlenwerte verzerrt wiedergegeben.

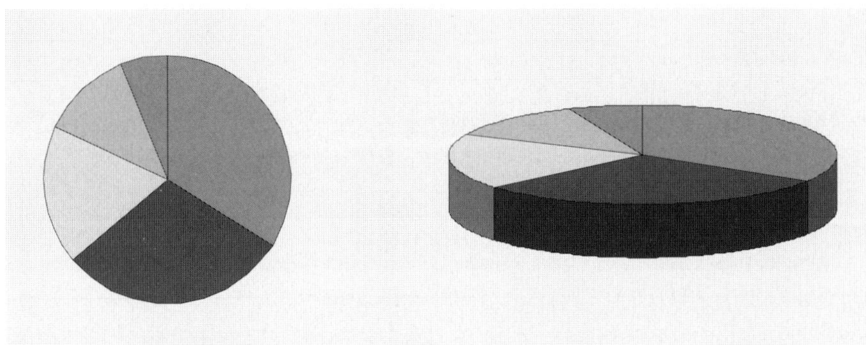

Verwenden Sie zweidimensionale Darstellungen, wenn Sie detailliert informieren möchten!

Wenn die Detailinformation eine untergeordnete Rolle spielt und es lediglich darum geht, einen groben Eindruck zu vermitteln, können Sie gerne dreidimensionale Darstellungen verwenden.

Sie halten einen Vortrag, der viele abstrakte Begriffe enthält. »Fluktuation«, »Strategie«, »Potenzial«, »Flexibilität« und »Motivation« sind beispielsweise Ausdrücke, hinter denen sich viele Aspekte verbergen können. Es ist schwer, zu diesen Begriffen ein konkretes Bild zu finden. Hinzu kommt, dass zwischen diesen Bezeichnungen zum Teil abstrakte Beziehungen bestehen, die ebenfalls dargestellt werden sollen. Nun stellt sich die Frage, wie Sie solche abstrakten Begriffe und deren Zusammenhänge bildhaft wiedergeben können.

Setzen Sie Strukturbilder ein!

Strukturbilder sind die einfachsten bildhaften Hilfsmittel. Sie benötigen lediglich geometrische Figuren, Text und Verbindungslinien, um Strukturbilder darzustellen. Mit PowerPoint verfügen Sie über ein Softwareprogramm, mit dem Sie auf sehr einfache Weise Strukturbilder produzieren können.

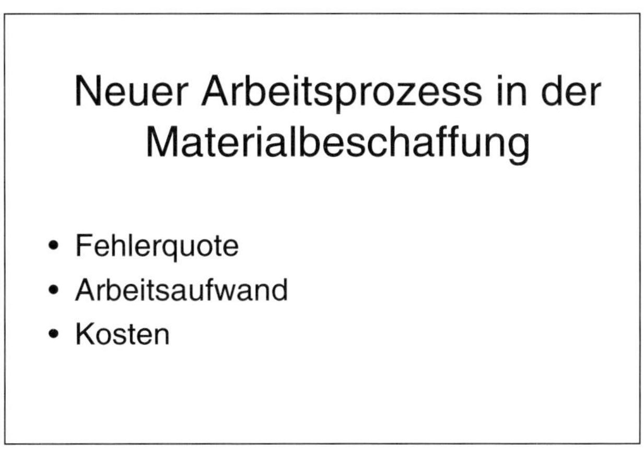

Hier sehen Sie ein Beispiel für eine normale Textfolie. Die Kernaussage dieser Folie wird ohne Erklärung des Vortragenden nicht deutlich.

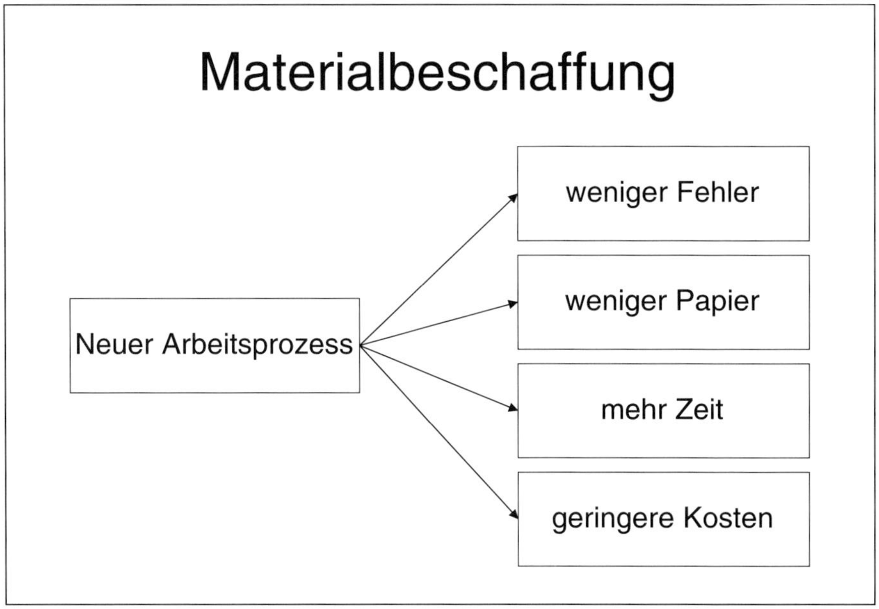

Der gleiche Inhalt wurde hier als Strukturbild dargestellt. Das Bild ist gut verständlich und einprägsam. Der Zuschauer kann die Kernaussage innerhalb weniger Sekunden begreifen, ohne dass erklärende Worte des Vortragenden zwingend notwendig sind. Wenn der Vortragende jeden Punkt etwas näher ausführen möchte, könnte er das Strukturbild animieren und jeden Punkt einzeln ins Bild kommen lassen.

Um zu einem sinnvollen Strukturbild zu gelangen, sollten Sie folgende Punkte beachten:

- Entfernen Sie alle negativ formulierten Aussagen! Diese können allenfalls über Durchstreichen dargestellt werden.
- Drücken Sie Ihre Gedanken in räumlichen Worten aus! Beispiele: »vor und nach Einführung des ...« – »steht über ...« – »innerhalb des Betriebes« – »Einflüsse von außen«.
- Ordnen Sie die einzelnen Elemente entsprechend der Präsentationsreihenfolge an! Achten Sie darauf, dass Sie den Blick des Zuhörers nicht kreuz und quer durch das Bild führen!
- Achten Sie auf die natürliche Blickrichtung von links nach rechts und von oben nach unten!
- Gestalten Sie die Strukturbilder einfach! Bauen Sie komplexe Bilder schrittweise auf!

Sollten Sie innerhalb einer Präsentation mehrere Strukturbilder verwenden, empfehlen wir Ihnen, diese abwechslungsreich zu gestalten. Dadurch erhöhen Sie die Erinnerungsleistung des Zuschauers.

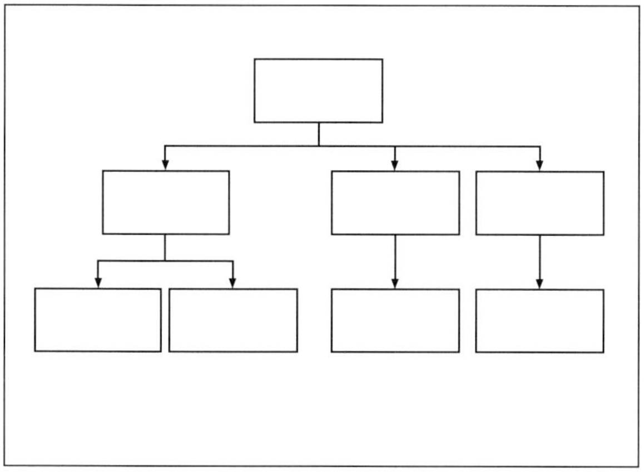

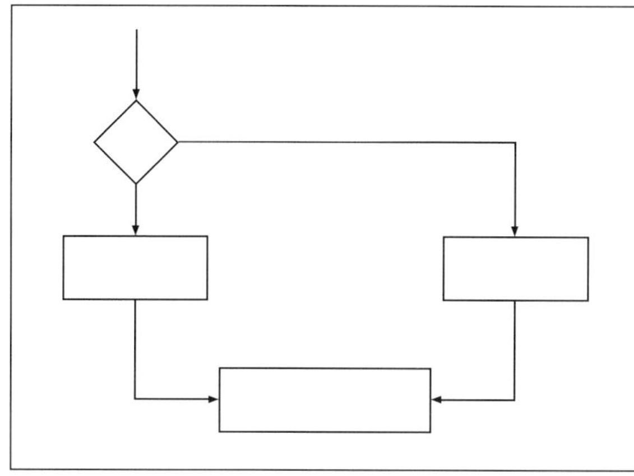

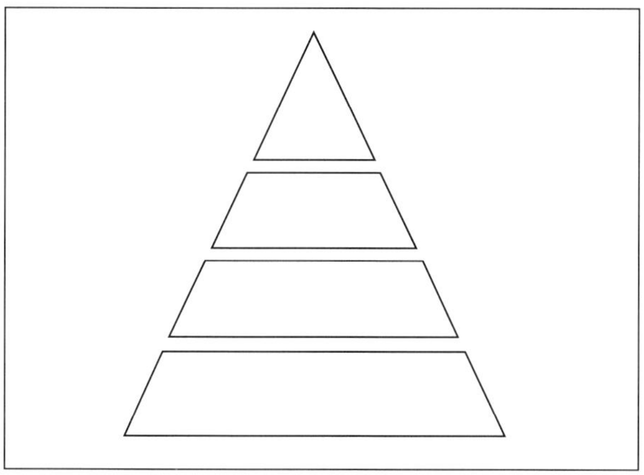

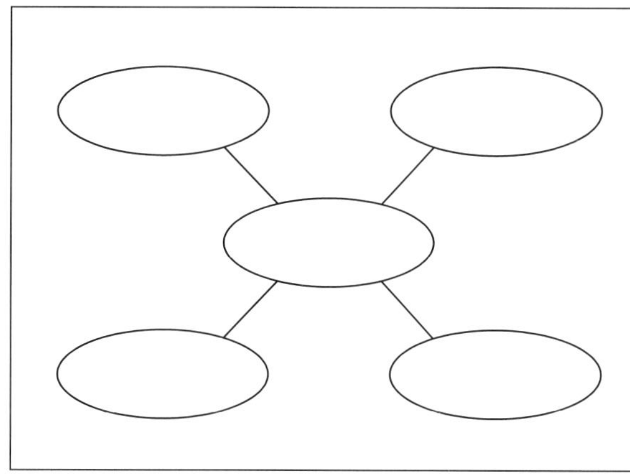

Da Sie mit Hilfe der Strukturbilder Beziehungen darstellen, beinhalten diese Bilder eine gewisse Logik. Dieser Eindruck wird durch die geometrischen Figuren untermauert. Sie sollten sich daher weder als Präsentator noch als Zuschauer von der scheinbaren Logik eines solchen Strukturbildes täuschen lassen. Für Sie als Vortragenden bedeutet das, dass die Zuschauer Ihre Strukturbilder bezüglich der Logik sehr genau betrachten.

Stellen Sie sicher, dass die dargestellten Zusammenhänge den Tatsachen entsprechen!

Prüfen Sie daher immer, ob die dargestellten geometrischen Figuren, die mit Pfeilen verbunden sind, auch wirklich in Beziehung zueinander stehen und ob die Pfeile in die richtige Richtung zeigen!

Über diese selbst erstellbaren Strukturbilder hinaus bietet PowerPoint Ihnen mit vorgegebenen Diagrammen weitere Möglichkeiten an, um abstrakte Inhalte zu visualisieren. In der Diagrammsammlung des Programms können Sie zwischen verschiedenen Diagrammtypen wählen, mit Hilfe derer Sie Abläufe und Strukturen anschaulich darstellen können. Sie können zwischen sechs verschiedenen Varianten wählen.

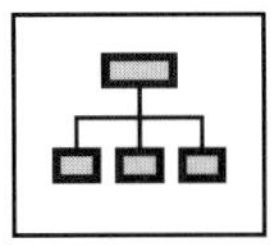

Mit dem **Organigramm** lassen sich hierarchische Beziehungen aufzeigen, wie zum Beispiel der Aufbau einer Organisation.

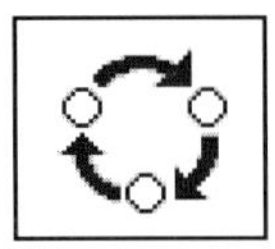

Das **Zyklusdiagramm** wird genutzt, um einfache Kreisläufe darzustellen.

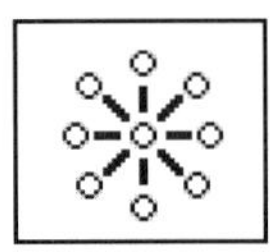

Mit dem **Radialdiagramm** werden Beziehungen von Teilelementen zu einem Hauptelement dargestellt.

Das **Pyramidendiagramm** wird genutzt, um konstruktive Beziehungen beziehungsweise aufeinander aufbauende Strukturen darzustellen.

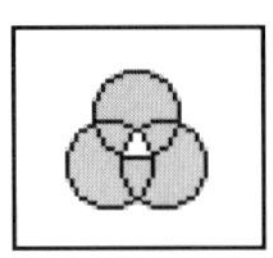

Das **Venn-Diagramm** wird zum Anzeigen von Überlappungsbereichen zwischen und innerhalb von Elementen verwendet.

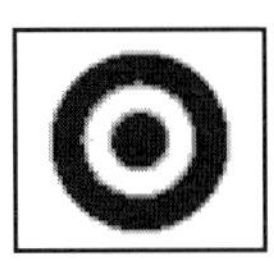

Mit dem **Zieldiagramm** lassen sich durch das Anzeigen von zielorientierten Schritten auf einfache Weise Ziele visualisieren.

Die Antwort auf diese Frage ist ein eindeutiges »Ja«. Der große Vorteil einer Notebook- gegenüber einer Overheadpräsentation liegt in der Möglichkeit der Animation. Sie können bei der Notebookpräsentation durch eine benutzerdefinierte Animation die Informationsmenge und damit die Aufmerksamkeit des Zuschauers steuern. Insofern ist es sinnvoll, sowohl Folien mit Visualisierungen als auch reine Textfolien zu animieren.

Die entscheidende Frage ist also nicht, ob animiert werden soll, sondern in welchem Maß animiert werden soll. Nur die wenigsten Präsentatoren finden das gesunde Mittelmaß. Manche lehnen Animationen grundsätzlich ab und andere animieren jede Kleinigkeit.

Ob und wie viele Inhalte einer Folie Sie animieren, hängt von der Wichtigkeit der Folie und der einzelnen Informationen ab. Wenn Sie zum Beispiel eine Folie auflegen, die der Einführung eines Themas dient und dem Zuhörer auf die Schnelle ein paar Vorinformationen liefern soll, dann sollten Sie auf Animationen verzichten. So werden Sie die Folie recht schnell durcharbeiten. Wenn Sie eine wichtige Folie mit wichtigen Informationen intensiv besprechen wollen, dann sollten Sie die Folie animieren.

Lenken Sie durch die Animation die Aufmerksamkeit des Zuschauers!

Die Möglichkeit der Animation besteht natürlich nicht nur bei Texten, sondern auch bei Bildern, die Sie nach und nach entstehen lassen können. Bei der Arbeit mit dem Overheadprojektor gibt es leider nur wenige Möglichkeiten der Animation. Auf diese gehen wir auf den nächsten Seiten ein.

Sicherlich kennen Sie das Phänomen, dass eine Textfolie, die in ihrer Gesamtheit eingespielt wird, von den meisten Zuschauern sofort ganz gelesen wird, auch wenn der Vortragende noch über die erste Zeile spricht. Dieses Phänomen schalten Sie aus, wenn Sie die Folie Zeile für Zeile freigeben. So können Sie sicher sein, dass der Zuschauer mit seiner vollen Aufmerksamkeit an der Stelle ist, über die Sie sprechen. Bei Programmen wie PowerPoint haben Sie die Möglichkeit, Buchstaben, Wörter, Sätze oder Zeilen einzeln im Bild erscheinen zu lassen. Achten Sie bitte darauf, dass die Einheiten, die Sie erscheinen lassen, nicht zu klein gewählt sind. Buchstaben einzeln erscheinen zu lassen macht in der Regel keinen Sinn.

Animieren Sie Sinneinheiten!

Wenn Sie, wie empfohlen, mit Stichwörtern arbeiten, wird das bedeuten, dass Sie in den meisten Fällen Text zeilenweise erscheinen lassen.

Bei PowerPoint haben Sie zudem die Möglichkeit, Texte und Folien in unterschiedlicher Art und Weise erscheinen zu lassen. Wir möchten Ihnen empfehlen, die Animationen so einfach wie möglich zu halten. Wenn Sie Text beispielsweise spiralenförmig ins Bild kommen lassen, wirkt das sehr unruhig und störend – das lenkt ab!

Animieren Sie so einfach wie möglich!

Ein bisschen Bewegung in eine Folie zu bringen kann aber durchaus sinnvoll sein, da Bewegung Aufmerksamkeit erzeugt. Von daher empfehlen wir Ihnen, Texte und Folien entweder erscheinen oder von der Seite ins Bild kommen zu lassen.

Wenn Sie animieren, sollten Sie dies möglichst einheitlich machen. Es wirkt unruhig, wenn Sie auf der ersten Folie Text erscheinen lassen, wenn auf der nächsten Folie Text von links und danach Text von oben ins Bild kommt. Machen Sie sich bewusst, dass es nicht Sinn und Zweck einer Präsentation ist, dem Zuschauer zu zeigen, dass man PowerPoint beherrscht. Sie wollen einen Inhalt vermitteln, und das möglichst effektiv.

Prinzipiell werden Grafiken genauso wie Texte in Sinneinheiten animiert. Bei den Texten ist die Animation einfacher, da wir die Inhalte chronologisch sortieren und daher Zeile für Zeile erscheinen lassen können. Eine Grafik entspricht nicht immer dem zeitlichen Verlauf. In welcher Reihenfolge Sie eine Abbildung erklären, ist von zwei Faktoren abhängig: Der erste Faktor ist Ihre **Zielsetzung**, also die Kernaussage der Folie. Diese Kernaussage werden Sie nicht als Erstes benennen, sondern auf sie hinarbeiten. Eine Kernaussage stellt das Ende einer Folie dar, denn in dem Moment, in dem der Zuhörer sie erfasst hat, ist das Ziel der Folie erreicht. Der zweite Faktor ist die **Verständlichkeit** beziehungsweise das Prinzip, mit dem Einfachen zu beginnen und zum Schwierigen hinzuarbeiten. Sie sollten sich daher sehr genau überlegen, wie Sie den Zuhörern Ihre Inhalte am einfachsten erklären können. Wenn Sie nun eine Grafik animieren, werden Sie zunächst einen Teil der Grafik einblenden und erläutern. Wenn dieser erste Teil verstanden worden ist, blenden Sie den zweiten Teil ein und erklären ihn. Danach folgt der dritte Teil, und so weiter.

Lassen Sie Grafiken entweder erscheinen oder vom nächstgelegenen Rand ins Bild kommen!

Achten Sie bitte darauf, dass die Bilder, die nachträglich erscheinen, andere Bilder nicht durchkreuzen. Das lässt sich am einfachsten lösen, indem Sie die Bilder vom nächstgelegenen Rand ins Bild kommen lassen. Wenn Sie Grafiken aufbauen, sollten Sie in der Regel von links nach rechts und von oben nach unten arbeiten, da dieses Vorgehen unserem Leseverhalten entspricht und uns daher vertraut ist.

Natürlich gibt es Ausnahmen. Wenn Sie beispielsweise einen Aufwärtstrend darstellen möchten, sollten Sie die Grafik von unten nach oben aufbauen.

10 Tipps und Tricks, wie Sie Folien auf keinen Fall gestalten sollten

- Erschlagen Sie Ihre Zuhörer mit Folien! Drei Folien pro Minute sind Minimum.
- Überfrachten Sie Ihre Folien! Nutzen Sie jede Ecke! Jeder noch so kleine weiße Fleck ist Verschwendung.
- Verwenden Sie nur ausformulierte, komplexe Sätze!
- Wählen Sie als Schriftart eine altdeutsche Schreibschrift!
- Wählen Sie eine Schriftgröße kleiner als 8 Punkt!
- Hinterlegen Sie Schriften, um Sie hervorzuheben. Wenn das noch nicht ausreicht, formatieren Sie sie zusätzlich kursiv und bauen Sie S p e r r u n g e n ein!
- Verwenden Sie eine orange Schrift auf einem violetten Hintergrund!
- Verzichten Sie auf Bilder und Grafiken! Wir sind ja nicht im Kindergarten.
- Erstellen Sie umfangreiche und verwirrende Zahlentabellen! Eine Größenordnung von 500 Zahlen pro Folie sollten Sie auf keinen Fall unterschreiten.
- Animieren Sie reichlich und lenken Sie von sich und dem Inhalt ab! Je mehr Action auf den Folien, desto besser. Unterstützen Sie Ihre Animationen durch Rennwagen- und Schreibmaschinengeräusche!

Tipps und Tricks zur Gestaltung mit PowerPoint

Wie erstelle ich möglichst schnell das Grundgerüst?

Sobald Sie sich über den Inhalt und die Struktur Ihres Vortrages beziehungsweise Ihrer Präsentation im Klaren sind, können Sie die Gliederung erstellen.

Erstellen Sie die Gliederung in der Gliederungsansicht!

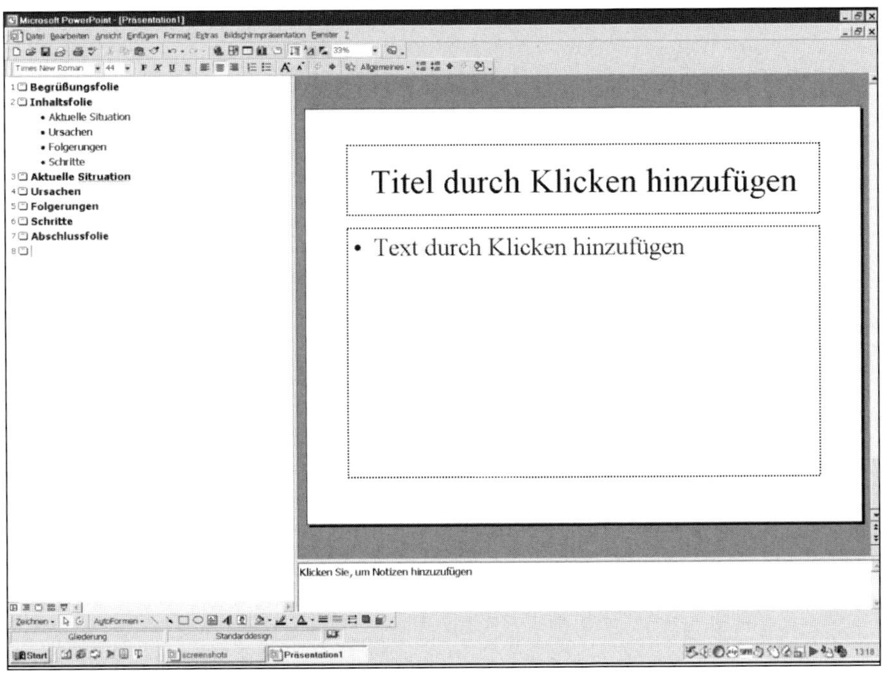

Ab der 2000er-PowerPoint-Version sehen Sie sowohl die Gliederungs- als auch die Folienansicht sowie den Bereich für die Notizen. In der Gliederungsansicht werden alle Überschriften untereinander aufgelistet. So können Sie sämtliche Überschriften der einzelnen Folien innerhalb kürzester Zeit eingeben. Dadurch entsteht eine komplette Präsentation, bei der die Überschriften automatisch den Folien zugeordnet werden.

Nun können Sie den Folien die Unterpunkte hinzufügen. Am schnellsten geht dies in der Gliederungsansicht, in der Sie jede Änderung sehen können. Um den Folien entsprechende Folienlayouts zuzuweisen, müssen Sie in die Folienansicht wechseln. Wählen Sie dazu im Menü Format den Befehl Folienlayout. Hier können Sie dann auch Grafiken, Diagramme etc. einbinden.

Wie verwende ich Präsentations- beziehungsweise Entwortsvorlagen?

PowerPoint bietet viele vorgefertigte Präsentationsvorlagen, die seit der 2000er-Version als Entwurfsvorlagen bezeichnet werden. Diese Vorlagen sind vielseitig nutzbar. In der Regel ist es aber sinnvoll, auf die Vorlage der eigenen Firma zuzugreifen, da Firmenfarben, das Logo sowie die Schriftarten und Schriftgrößen bereits korrekt vorgegeben sind. Das Übernehmen der Präsentationsvorlage garantiert der Firma ein einheitliches Auftreten und ist somit wichtiger Bestandteil der Corporate Identity.

Verwenden Sie grundsätzlich die aktuelle Vorlage Ihrer Firma!

Es ist erstaunlich, wie viele Präsentatoren trotz einer Vorgabe seitens der Firma ein ganz anderes Design verwenden. Neben dem Aspekt, dass das Auftreten der Firma damit nicht einheitlich ist, kostet es den Ersteller der Präsentation viel Zeit, eine eigene Darstellungsform zu entwickeln.

Ein weiteres, häufig vorkommendes Phänomen ist, dass nicht das aktuelle Design verwendet wird. Insbesondere junge Firmen überarbeiten regelmäßig ihre Präsentationsvorlagen. Sie sollten daher bereits im Vorfeld die Information einholen, welches Design gerade gültig ist.

Sowohl die Vorlagen von PowerPoint als auch die der eigenen Firma sind in der Regel im Ordner *C:/Programme/Microsoft Office/Templates/Präsentationsdesign* abgespeichert.

Öffnen Sie den Vorlagenordner über die Statusleiste!

Sie können den Vorlagenordner öffnen, indem Sie im Menü *Format* den Befehl *Entwurfsvorlage übernehmen* anklicken. Noch schneller sind Sie, wenn Sie den Vorlagenordner über die Statusleiste am unteren Bildrand öffnen. Hier genügt ein Doppelklick auf das Wort *Standarddesign* oder den Namen der aktuellen Vorlage. Nun müssen Sie nur noch das gewünschte Design auswählen. Es wird jetzt automatisch für alle Folien übernommen.

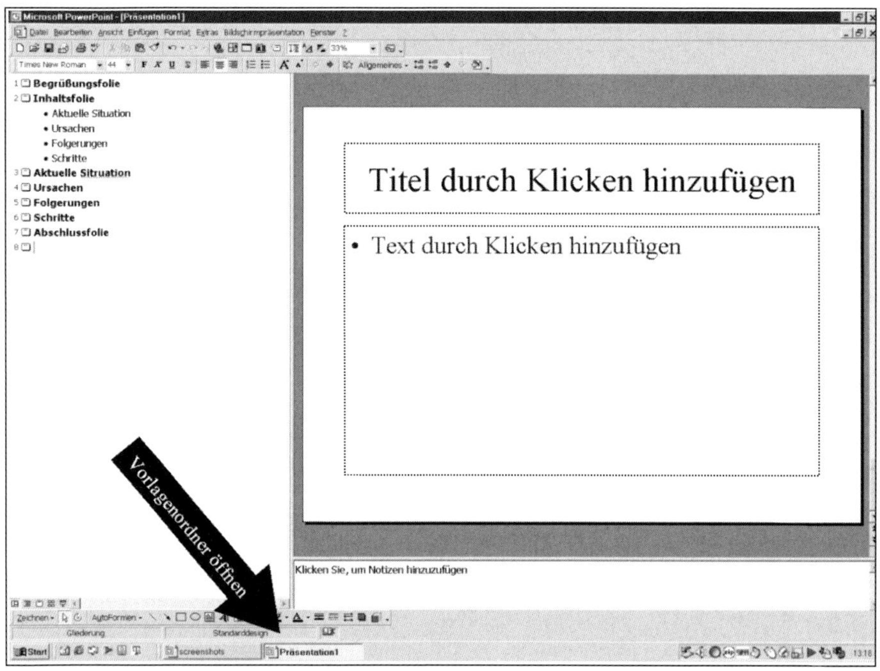

Wie erstelle ich meine eigene Vorlage?

Mit PowerPoint können Sie in kürzester Zeit Ihre eigene Präsentationsvorlage erstellen. Die Formatierungen hierfür werden im Folien- und Titelmaster vorgenommen.

Nehmen Sie die Formatierungen für Ihre eigene Präsentationsvorlage im Folien- und Titelmaster vor!

Öffnen Sie den Folienmaster über das Menüfeld *Ansicht* und gehen Sie dann über *Master* zum *Folienmaster*. Hier können Sie nun Ihre eigene Vorlage gestalten, indem Sie beispielsweise ein eigenes Logo einbauen oder die Schriftart und die Schriftgröße verändern. Über das Menüfeld *Format* können Sie auch den Hintergrund sowie die Aufzählungszeichen Ihren eigenen Bedürfnissen anpassen.

Da sämtliche Folien einer Präsentation mit dem Folienmaster verbunden sind, wirkt sich jede im Folienmaster vorgenommene Änderung auf alle anderen Folien aus. Ausgenommen davon sind Titelfolien, auf die sich der Titelmaster auswirkt. Bei einer neuen und leeren Präsentation werden dem Folienmaster automatisch Standardeinstellungen von PowerPoint zugewiesen. Sollten Sie eine bereits vorhandene Präsentationsvorlage als Basis für die Erstellung eines eigenen Designs verwenden, so wird das Design der Vorlage automatisch vom Folienmaster übernommen.

Nachdem Sie Ihr eigenes Layout im Folienmaster erstellt haben, bietet es sich an, eine eigene Titelfolie anzufertigen. Die Formatierung der Titelfolie erfolgt im Titelmaster. Diesen erreichen Sie auf dem gleichen Weg wie den Folienmaster. Sie gehen über das Menüfeld *Ansicht* und über *Master* zum *Titelmaster*. Änderungen, die Sie hier vornehmen, gelten lediglich für die Folien, denen Sie das Titellayout zuweisen. Das wird meist Ihre Anfangsfolie sein.

Wenn Sie keine Präsentationsvorlage überarbeiten, sondern eine neue Datei geöffnet haben, liegt zunächst noch kein Titelmaster vor. Sie werden also lediglich den Folienmaster öffnen können. Im Folienmaster ist allerdings die Einrichtung eines Titelmasters vorgesehen. Klicken Sie dazu in der Symbolleiste *Allgemeines* auf *Neuer Titelmaster* oder gehen Sie im Menü *Einfügen* über *Neuer Titelmaster*.

Wenn Sie nun Ihren eigenen Folien- und Titelmaster erstellt haben, sollten Sie diese als Vorlage abspeichern. Klicken Sie im Menüfeld *Datei* das Feld *Speichern unter* an. Wählen Sie als Dateityp die *Entwurfsvorlage*. Die Vorlage wird nun automatisch im Vorlagenordner gespeichert.

Speichern Sie die Vorlage direkt nach der Erstellung ab!

Schließen Sie die gespeicherte Vorlage und fertigen Sie eine neue Präsentation an. Weisen Sie anschließend Ihrer Präsentation die neue Vorlage zu! Dazu genügt ein Doppelklick in der Statusleiste.

Viele Ersteller entwerfen in dem Moment ein Layout, in dem Sie es für eine konkrete Präsentation benötigen. Der Übergang von der Layouterstellung zur Herstellung der eigentlichen Präsentation erfolgt dann nahtlos. Dieses führt dazu, dass die Vorlage zwischendurch nicht abgespeichert wird, sodass sie für eine folgende Präsentation nur dann genutzt werden kann, wenn die alte Präsentation überschrieben wird. Wenn Sie die Vorlage als blankes Layout abspeichern, können Sie es immer wieder verwenden.

Was mache ich, wenn ich für einzelne Folien ein anderes Layout möchte?

Sobald Sie eine neue Präsentation erstellen, müssen Sie auswählen, welches **AutoLayout** Sie verwenden möchten. Wenn Sie die Gliederung wie empfohlen im Gliederungsmodus erstellen, wird jeder Folie automatisch das zuletzt verwendete AutoLayout zugewiesen. Standardmäßig ist bei PowerPoint das Aufzählungsfeld, das aus einer Überschrift und einem Textfeld besteht, als *AutoLayout* definiert. Doch was machen Sie, wenn Sie nun eine Grafik oder eine Tabelle einbinden möchten?

Weisen Sie Ihren Folien das passende Folienlayout zu!

Sie wählen die Folie, in die Sie die Grafik oder Ähnliches einbinden möchten, aus und wählen nun aus dem Menü *Format* (oder über die rechte Maustaste auf der Folie) den Punkt *Folienlayout*. Dort wählen Sie das Layout aus, das für Ihre Zwecke am besten geeignet ist.

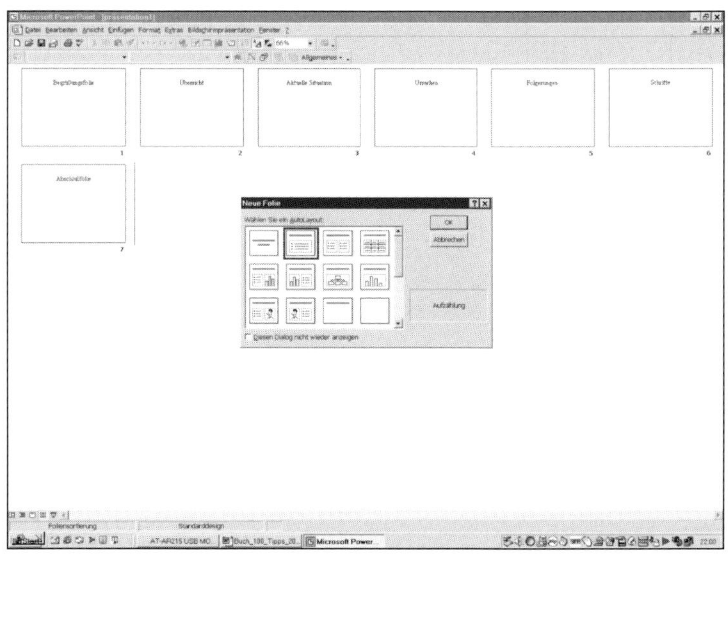

Wie erstelle ich eine Übersichtsfolie?

Selbstverständlich können Sie die Übersichtsfolie genauso erstellen, wie Sie alle anderen Folien entwickeln. Doch es gibt eine weitaus einfachere und komfortablere Möglichkeit.

Erstellen Sie die Übersichtsfolie in der Foliensortierung!

Markieren Sie in der Foliensortierungsansicht alle Folien, deren Überschriften in der Übersichtsfolie erscheinen sollen. Beachten Sie bitte, dass Sie nur diejenigen Folien markieren können, denen Sie Überschriften im dafür vorgesehenen Überschriftenfeld zugewiesen haben. Um die Folien zu markieren, halten Sie die *Strg-Taste* gedrückt und klicken Sie die entsprechenden Folien an. Wenn Sie alle Folien markiert haben, klicken Sie auf das *Symbol für Inhaltsfolie*. Die Übersichtsfolie wird automatisch erstellt.

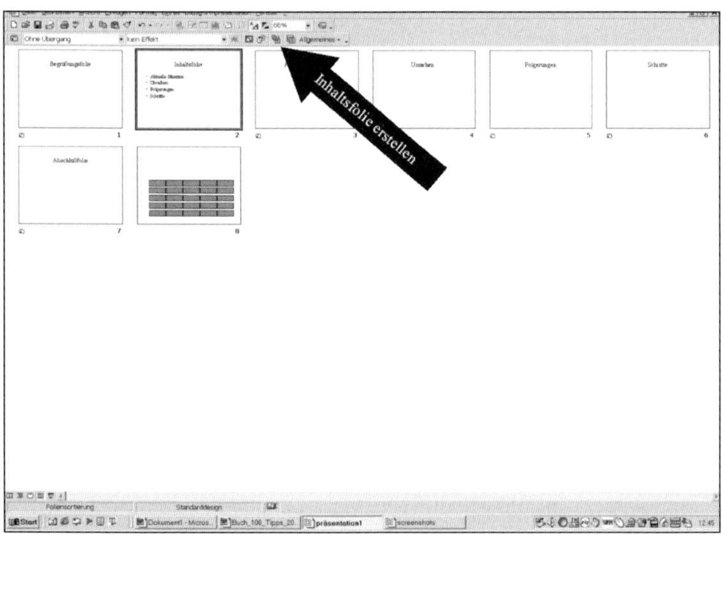

Wenn Sie möchten, dass die Überschriften aller Folien in der Übersichtsfolie erscheinen, drücken Sie zunächst die Tasten *Strg + A* und klicken Sie dann auf das *Symbol für Inhaltsfolie*.

Wie ordne ich Folien neu an?

Unabhängig davon, wie viele Gedanken Sie sich über eine Präsentation machen, bevor Sie diese mit PowerPoint erstellen, wird es immer wieder vorkommen, dass Sie die Reihenfolge der Folien verändern möchten. Wie bei den anderen Office-Programmen ist das auch bei PowerPoint möglich, indem Sie die Befehle *Ausschneiden* und *Einfügen* verwenden. Es gibt aber eine Variante, die einfacher und schneller ist.

Verschieben Sie Folien per Drag and Drop!!

Gehen Sie in die *Foliensortierungsansicht* und klicken Sie die Folie an, die Sie verschieben möchten. Halten Sie die *linke Maustaste* gedrückt und ziehen Sie die Folie nun an die gewünschte Position.

Auf die gleiche Art und Weise können Sie übrigens auch Folien in der Gliederungsansicht verschieben.

Wie füge ich eine neue Folie hinzu?

Sie haben eine Präsentation im Gliederungsmodus erstellt und haben die einzelnen Folien bearbeitet. Nun stellen Sie fest, dass Sie noch eine Folie hinzufügen müssen. Dafür gibt es verschiedene Möglichkeiten.

- Zum einen können Sie die Folie im Gliederungsmodus hinzufügen, indem Sie in die linke Spalte eine weitere Überschrift schreiben. Es entsteht eine Folie, der automatisch das vorhergehende Folienlayout zugewiesen wird.
- Eine zweite Möglichkeit besteht darin, im Menü *Einfügen* zu wählen und dort *Neue Folie* anzuklicken (oder das weiße Icon auf der Symbolleiste *Neue Folie*). Jetzt können Sie das passende AutoLayout auswählen.

Bevor Sie eine neue Folie hinzufügen, überprüfen Sie, ob es nicht sinnvoller ist, eine vorhandene Folie zu kopieren!

Oft müssen trotz einheitlichen Folienlayouts einzelne Folien überarbeitet und neu formatiert werden. Wenn Sie eine neue Folie einfügen möchten, können Sie sich viel Zeit sparen, indem Sie die Folie aus Ihrer Präsentation auswählen, die dem beabsichtigten Layout der neuen Folie ähnlich ist. Diese Folie sollten Sie dann kopieren. Sie wählen dazu in dem Menü *Einfügen* den Befehl *Folie duplizieren*. Auch hier gibt es wieder eine einfachere Möglichkeit. Ähnlich wie beim Verschieben von Folien mit Hilfe der Maus funktioniert das Kopieren. Markieren Sie die Folie in der Foliensortierungsansicht und halten Sie während des Ziehens die *Strg-Taste* gedrückt. Dieses Vorgehen bietet sich ebenso an, wenn Sie eine Folie, wie beispielsweise eine Übersichtsfolie, während einer Präsentation mehrfach zeigen möchten. Wir empfehlen Ihnen, genauestens abzuwägen, ob es Sinn macht, eine Folie zu kopieren oder neu zu erstellen. Sicherlich ist es eine Frage der Erfahrung, bis Sie abschätzen können, welches Vorgehen ökonomischer ist.

Wofür brauchen Folien Überschriften?

Stellen Sie sich folgende Situation vor: Ein Zuschauer möchte eine Folie sehen, die Sie bereits vor zehn Minuten präsentiert haben. Sie wissen genau, welche Folie gemeint ist und wollen Sie nochmals zeigen. Wie kommen Sie nun möglichst schnell zu dieser Folie? Die beste und professionellste Möglichkeit besteht darin, die entsprechende Folie über die rechte Maustaste auszuwählen, indem Sie im Menü *Gehe zu* über *Nach Titel* die entsprechende Folienüberschrift auswählen. Wenn Sie den Folien keine Überschriften (Titel) zugewiesen haben, werden Sie nun vor dem Problem stehen, dass Sie nicht wissen, ob die gesuchte Folie die Folie 12 oder 13 ist.

Weisen Sie jeder Folie eine eindeutige Überschrift zu!

Nun ist es kein Problem mehr, die gesuchte Folie auf dem beschriebenen Weg zu finden. Wenn Sie die Präsentation, wie auf Seite 73 beschrieben, erstellen, wird Ihren Folien von vorneherein eine Überschrift zugewiesen. Sie müssen lediglich darauf achten, jeder Folie eine andere Überschrift zuzuteilen.

Sollten Sie die Überschriften nicht in der Gliederungs- sondern in der Folienansicht erstellen, müssen Sie darauf achten, die Überschrift in das dafür vorgesehene Überschriftenfeld zu schreiben. Es kommt immer wieder vor, dass Ersteller für eine Überschrift ein neues Textfeld eröffnen. Davon raten wir Ihnen ab. Überschriften, die in manuell aufgezogene Textfelder eingetragen worden sind, werden über den beschriebenen Weg nicht angezeigt.

Wählen Sie bereits bei der Auswahl des Folienlayouts immer ein Layout, das eine Überschrift beinhaltet!

Was kann ich tun, damit Überschriften während der Bilschirmpräsentation nicht zu sehen sind?

Damit Sie während der Bildschirmpräsentation zwischen den Folien hin- und herspringen können, haben Sie jeder Folie eine eindeutige Überschrift zugewiesen. Ein Teil der Überschriften ist jedoch nicht für den Zuschauer bestimmt, sondern nur für Sie selbst. So kann es zum Beispiel sein, dass Sie den Zuschauern zwischendurch eine auflockernde Zeichnung oder ein Foto zeigen möchten, bei der eine Überschrift störend wäre.

Ziehen Sie das Überschriftenfeld aus der Folie heraus!

Sie schreiben die Überschrift genauso wie bei jeder anderen Folie in das Überschriftenfeld. Damit ist sichergestellt, dass Sie die Folie während der Präsentation sofort finden können. Das Überschriftenfeld ziehen Sie nun mit der Maus aus der Folie heraus. Dadurch bleibt die Überschrift erhalten, ist aber für den Zuschauer während der Bildschirmpräsentation nicht zu sehen.

Wie springe ich zwischen Folien hin und her?

Es gibt zwei gute Möglichkeiten, zwischen Folien hin- und herzuspringen. Dabei ist zwischen unvorhersehbaren und planbaren Sprüngen zu unterscheiden.

- **Unvorhersehbare Sprünge** sind Sprünge, die auf Grund eines Zuschauerwunsches entstehen und mit denen Sie nicht von vorneherein rechnen können. So kann es zum Beispiel sein, dass ein Zuschauer gegen Ende des Vortrages eine Folie sehen möchte, die Sie bereits zu Beginn vorgeführt haben. Wie bereits auf Seite 83 beschrieben, drücken Sie nun die rechte Maustaste. Es erscheint eine Leiste, bei der Sie über die Felder »Gehe zu« und »Nach Titel« die gewünschte Folie anklicken können. Wenn Sie den Folien Überschriften zugeteilt haben, werden Sie die gesuchte Folie sofort finden.
- **Planbare Sprünge** sind Sprünge, die vorhersehbar sind. Ein Beispiel für einen planbaren Sprung ist Folgendes: Sie halten einen Vortrag und haben eine Grafik als Ausgangspunkt für eine Argumentationskette. Sie arbeiten die Grafik nach und nach ab, indem Sie zu jedem Punkt der Abbildung eine Folie auflegen. Es ist sehr wahrscheinlich, dass Zuschauer zwischendurch die komplette Grafik nochmals sehen möchten. Es ist also sinnvoll, sich direkt von jeder nachfolgenden Folie zur Grafik zurückbewegen zu können. Zudem ist es gut, direkt von der Grafik zu jeder erklärenden Folie zu gelangen.

Setzen Sie Hyperlinks!

Sie weisen den Feldern der Grafik Hyperlinks zu, die direkt zur entsprechenden Folie weiterleiten. Auf den erklärenden Folien platzieren Sie Hyperlinks, die zur Grafik zurückführen. Auf diese Weise können Sie sehr schnell zwischen den Folien hin- und herspringen. Zudem wirkt dieses Vorgehen sehr gut vorbereitet und professionell.

Wenn Sie die Hyperlinks so setzen, dass sie für den Zuhörer sichtbar sind, führt das dazu, dass manche Zuhörer abgelenkt werden. Sie sehen den Hyperlink und fragen sich, was sich dahinter verbirgt. Fragen nach Sinn und Zweck der Hyperlinks sind vorprogrammiert.

Arbeiten Sie mit unsichtbaren Hyperlinks!

Sie haben bei der Arbeit mit PowerPoint die Möglichkeit, den Rahmen und den Hintergrund der interaktiven Schaltfläche auszublenden. Klicken Sie den Hyperlink im Bearbeitungsmodus mit der rechten Maustaste an und wählen dann den Punkt *AutoForm formatieren*. Es öffnet sich ein Fenster, bei dem Sie unter den Punkten *Ausfüllen* und *Linie* die Farbeinstellungen auf *keine Farbe* ändern können. Somit ist der Link unsichtbar. Der Nachteil ist, dass Sie als Vortragender den Hyperlink während der Bildschirmpräsentation auch nicht sehen können und daher wissen müssen, dass er sich dort befindet.

Das Vorgehen, mit unsichtbaren Hyperlinks zu arbeiten, ist für Personen sinnvoll, die recht häufig präsentieren und daher nicht vergessen, wo sie die Hyperlinks gesetzt haben. Den Personen, die nur hin und wieder mit Beamer arbeiten, empfehlen wir, statt mit unsichtbaren mit unauffälligen Schaltflächen zu arbeiten. Dazu schlagen wir vor, den Rand der Schaltfläche sichtbar zu machen.

Wie platziere ich Hyperlinks?

Wenn Sie mit unsichtbaren Hyperlinks arbeiten, bedeutet das natürlich, dass Sie genau wissen müssen, wo Sie Ihre Hyperlinks platziert haben. In dem vorher angeführten Beispiel mit der Grafik ist das recht einfach. Hier ist es sinnvoll, den Hyperlink direkt auf das entsprechende Grafikfeld zu setzen. Bei reinen Textfolien ist die Situation etwas schwieriger. Natürlich ist es möglich, auch unsichtbare Hyperlinks über ein bestimmtes Wort zu legen. Davon raten wir aber ab. Das würde nämlich voraussetzen, dass Sie sich jedes verlinkte Wort merken müssten. Pannen in Form von unnötiger Suche wären vorprogrammiert.

Platzieren Sie Hyperlinks immer an der gleichen Position!

Ein guter Platz für Hyperlinks sind Rand- oder Eckpositionen. Da in der linken unteren Ecke während der Bildschirmpräsentation ein Menüfeld ist, über das Sie durch Drücken der linken Maustaste eine Leiste öffnen können, empfehlen wir Ihnen, Hyperlinks grundsätzlich in der rechten unteren Ecke zu platzieren. In der Regel kommen Sie mit einem Hyperlink aus. Sollten Sie mehrere setzen wollen, sollten Sie sehr genau überlegen, wo Sie diese unterbringen. Achten Sie auf eine einheitliche Systematik. So könnten Sie beispielsweise Hyperlinks, die zu einer vorherigen Folie führen, am linken Folienrand unterbringen und Hyperlinks, die auf eine nachfolgende Folie verweisen, am rechten Rand der Folie.

Wie setze ich Hyperlinks?

Sie können jede Textstelle und jedes Objekt als Hyperlink definieren und Hyperlinks an jeder Stelle der Folie einfügen. Wenn Sie beispielsweise einen Hyperlink in die rechte untere Ecke der Folie setzen wollen, sollten Sie einfach eine **Interaktive Schaltfläche** erstellen. Dazu klicken Sie die Menüleiste *AutoForm* unten links im Bildschirm an. Dort wählen Sie den Punkt *Interaktive Schaltflächen*, wo Sie ein Zeichensymbol, wie beispielsweise einen Pfeil, auswählen und es daraufhin in der gewünschten Größe an der entsprechenden Stelle einfügen. Sobald Sie das Symbol eingefügt haben, öffnet sich ein Fenster, in dem Sie die Aktionseinstellungen vornehmen können. Hier können Sie angeben, auf welches Dokument und welche Stelle der Hyperlink verweisen soll. Wählen Sie nun die entsprechende Folie aus.

Verweisen Sie auf einen Folientitel!

Sie können in den Aktionseinstellungen auf die vorherige oder auf die nächste Folie verweisen. Davon raten wir Ihnen ab. Verweisen Sie grundsätzlich auf den Folientitel. So wird der Hyperlink auch dann noch auf die gewünschte Folie verweisen, wenn Sie nachträglich eine Folie eingefügt haben.

Beachten Sie bitte, dass Hyperlinks erst dann aktiv werden, wenn Sie die Bildschirmpräsentation gestartet haben. In den anderen Ansichten haben Hyperlinks keine Wirkung.

Überprüfen Sie vor der Präsentation, ob die gesetzten Hyperlinks an die richtigen Stellen verweisen!

Was sind gute Folienübergänge?

Sie haben mit PowerPoint zahlreiche Möglichkeiten, Folienübergänge zu gestalten. So können Sie Folien erscheinen lassen, von den Seiten überdecken, auflösen, von innen und außen einblenden usw. Welche Art des Folienüberganges Sie wählen, ist Geschmacksache. Wir empfehlen auch hier, einfache Folienübergänge zu nutzen. Zum einen ist es so, dass auch Folienübergänge das Publikum vom eigentlichen Inhalt ablenken können, zum anderen erfordern Folienübergänge mehr Rechenkapazität als Textanimationen.

Testen Sie im Vorfeld die Geschwindigkeit Ihrer Folienübergänge!

Wenn Sie zum Beispiel eine Folie über Schwarz einblenden und Ihr Rechner relativ langsam ist, kann es sein, dass Ihre Folie einige Sekunden braucht, um sich aufzubauen. Dieses ist sowohl für Sie als auch für das Publikum unangenehm.

Ein weiterer Punkt, den Sie bei Folienübergängen unbedingt beachten sollten, ist, dass die Folienübergänge innerhalb einer Präsentation einheitlich sind. Wenn Sie unterschiedliche Übergänge wählen, wirkt der Vortrag unruhig und die Zuschauer verwenden mehr Aufmerksamkeit auf Ihre Animationen als auf Ihren Inhalt.

Verwenden Sie innerhalb einer Präsentation einen einheitlichen Folienübergang!

Wie werden Folienübergänge festgelegt?

Folienübergänge können Sie zum einen in der Folien- beziehungsweise Normalansicht und zum anderen in der Foliensortierungsansicht festlegen. Wie bereits schon erwähnt, empfehlen wir Ihnen, innerhalb einer Präsentation einen einheitlichen Folienübergang zu wählen.

Legen Sie die Folienübergänge in der Foliensortierungsansicht fest!

In der **Foliensortierungsansicht** können Sie allen Folien Ihrer Präsentation mit einem einzigen Befehl denselben Übergang zuweisen. Dafür wählen Sie den Befehl *Alles markieren* im Menü *Bearbeiten* oder alternativ drücken Sie gemeinsam die Tasten *Strg* und *A*. Nun wählen Sie in dem Dropdown-Listenfeld oben links (oder über die rechte Maustaste) den gewünschten Übergang. Neben diesem Listenfeld befindet sich ein kleines Symbol. Wenn Sie dieses anklicken, können Sie in dem sich öffnenden Feld die Geschwindigkeit des Überganges festlegen, den Übergängen akustische Effekte zuordnen und festlegen, ob die nächste Folie per Mausklick oder automatisch erscheinen soll. Von Übergängen mit akustischen Effekten möchten wir Ihnen abraten, denn häufig werden die Zuhörer dadurch nur abgelenkt. Außerdem treffen Sie nicht immer den Geschmack aller Anwesenden. Manche finden dies auch als zu verspielt.

Sollten Sie einer einzelnen Folie einen anderen Übergang zuweisen wollen, so können Sie das selbstverständlich auf die gleiche Art und Weise machen. In dem Fall markieren Sie nur die Folie, der Sie einen anderen Übergang zuweisen wollen.

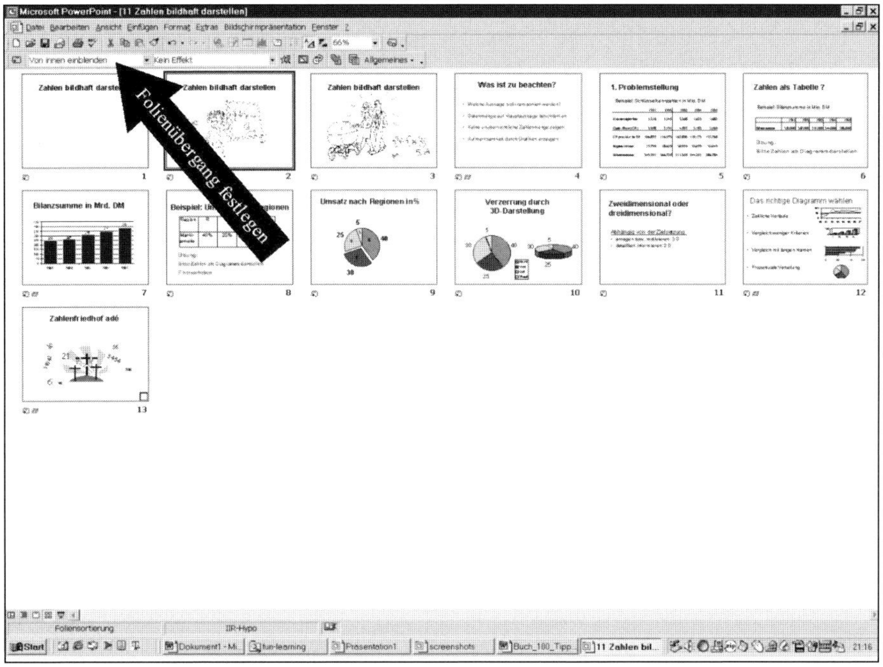

Sie möchten Ihre Inhalte visualisieren und beispielsweise ein Strukturbild erstellen. Um grafische Symbole in Ihre Präsentation einzubinden, können Sie bei PowerPoint auf die AutoFormen zugreifen. Dazu klicken Sie unten links im Bildschirm die Menüleiste *AutoForm* an. In der Menüleiste können Sie nun zwischen verschiedensten AutoFormen, wie beispielsweise Verbindungslinien, Standardformen, Blockpfeilen und Interaktiven Schaltflächen, ein Objekt auswählen. Dieses Objekt fügen Sie nun an der gewünschten Stelle ein. Jetzt können Sie die Größe verändern und die AutoForm genau positionieren.

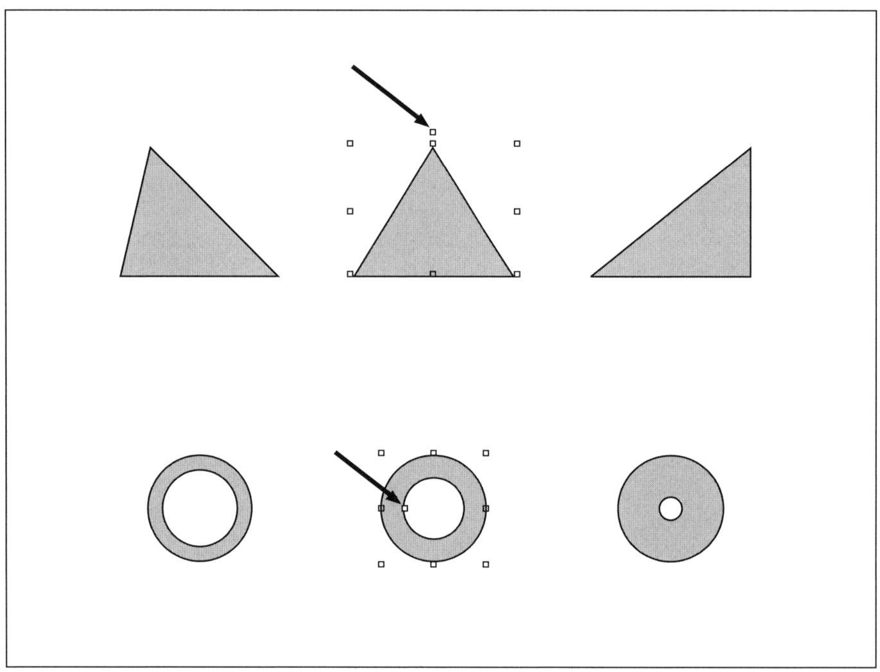

Jede AutoForm verfügt über einen gelben Korrekturpunkt. Wenn Sie diesen Punkt an eine neue Stelle ziehen, verändert sich der Winkel der Form.

Oftmals wird es so sein, dass Sie für ein Strukturbild eine bestimmte Form mehrfach benötigen. Um die Form nicht jedes Mal neu erstellen zu müssen, sollten sie diese kopieren beziehungsweise duplizieren.

Duplizieren Sie Ihre AutoFormen!

Genauso wie beim Kopieren wird beim Duplizieren eine Kopie der AutoForm erstellt. Im Gegensatz zum Kopieren wird diese Kopie in korrekten Abständen zur vorherigen AutoForm eingefügt. Dazu markieren Sie die AutoForm, die dupliziert werden soll. Sie drücken die Tastenkombination *Strg + D*. Es wird eine Kopie erstellt, die Sie an die gewünschte Stelle ziehen. Jedes Mal, wenn Sie nun die Tasten *Strg + D* drücken, wird eine weitere Kopie in korrektem Abstand zur vorherigen AutoForm eingefügt.

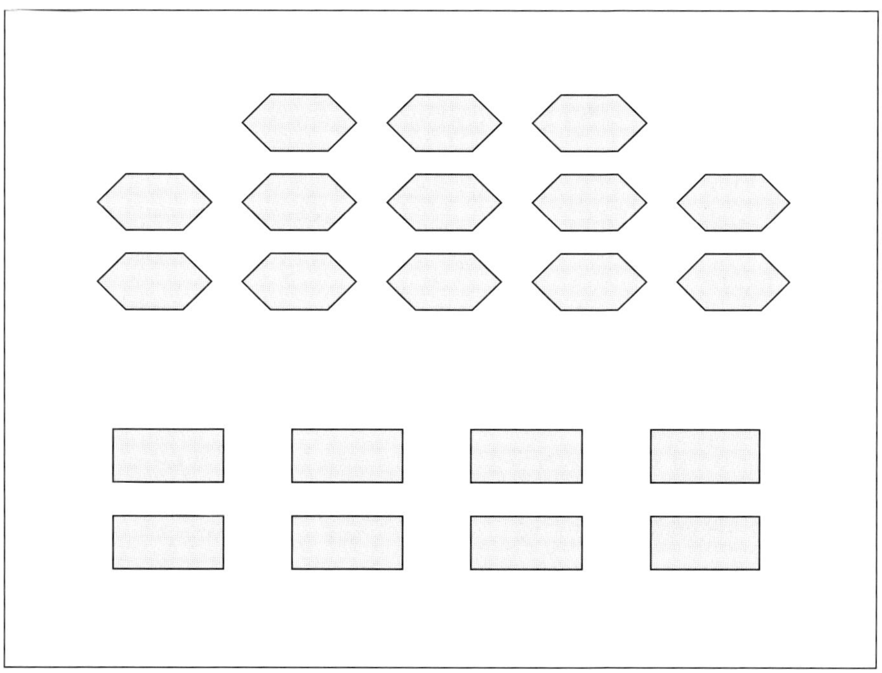

Wie ordne ich Objekte an?

Auch wenn Sie AutoFormen duplizieren, werden Sie immer wieder Objekte ausrichten zu müssen. Da dies mit bloßem Auge niemals hundertprozentig möglich ist, sollten Sie die Lineale von PowerPoint nutzen.

Richten Sie Objekte mit Hilfe der Führungslinien aus!

In der Normal- und in der Folienansicht können Sie mit Hilfe des horizontalen und des vertikalen Lineals Objekte exakt positionieren. Um die Führungslinien zu verschieben, klicken Sie die Linien mit der linken Maustaste an. Nun können Sie bei gedrückter Maustaste die Führungslinie an die gewünschte Position bewegen. Sollten Ihnen die beiden vorhandenen Linien nicht ausreichen, können Sie weitere Führungslinien erzeugen. Klicken Sie dazu bei gedrückter Strg-Taste auf eine der Führungslinien. Die Kopie ziehen Sie nun an die gewünschte Position. Um Führungslinien zu entfernen, ziehen Sie diese einfach über den Rand der Folie oder des Notizblattes hinaus.

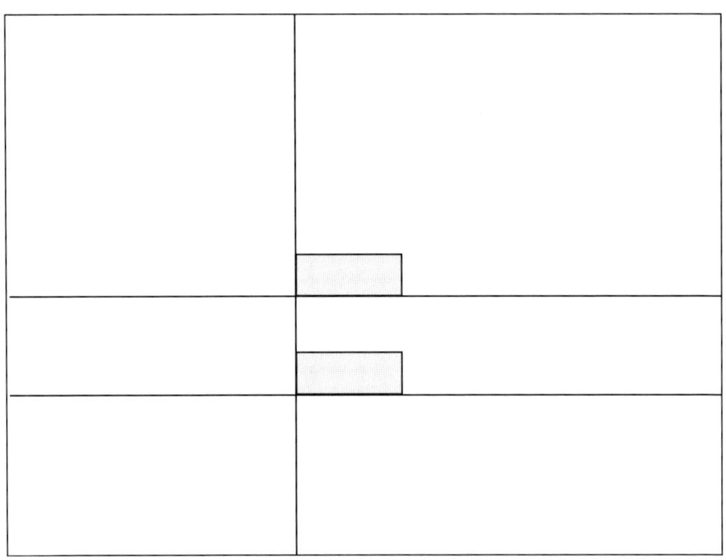

Wie verschiebe ich mehrere Objekte?

Sie haben eine Folie mit mehreren Freihandobjekten erstellt. Diese Objekte haben Sie mit Hilfe von Führungslinien mühsam angeordnet. Jetzt stellen Sie fest, dass alle Objekte ein wenig verschoben werden müssen, damit noch Platz für ein weiteres Objekt oder zusätzlichen Text ist. Jedes Objekt einzeln zu verschieben würde sehr viel Arbeit bedeuten. Sie müssten alle Objekte nochmals neu anordnen. Glücklicherweise können Sie alle zusammen verschieben.

Gruppieren Sie Objekte und verschieben Sie sie gemeinsam!

Um Objekte gemeinsam zu verschieben, müssen diese zunächst markiert werden. Klicken Sie dann unten links am Bildschirm das Feld *Zeichnen* an. Es öffnet sich eine Menüleiste. Hier wählen Sie *Gruppierung*. Nun können Sie alle Objekte gemeinsam an die gewünschte Stelle verschieben. Über den Befehl *Gruppierung aufheben* können Sie die Gruppierung wieder rückgängig machen. Dann können Sie die Objekte wieder einzeln bearbeiten und verschieben.

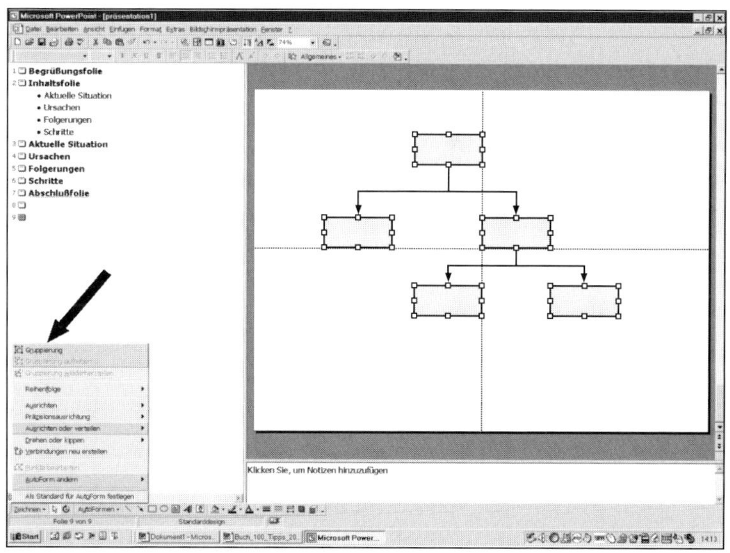

Wie erstelle ich Pfeile für Strukturbilder?

Sie haben AutoFormen für ein Strukturbild oder eine Grafik erstellt und möchten die einzelnen Objekte durch Pfeile verbinden, um deren Beziehung untereinander deutlich zu machen.

Verwenden Sie Verbindungslinien, um die Beziehungen zwischen Objekten darzustellen!

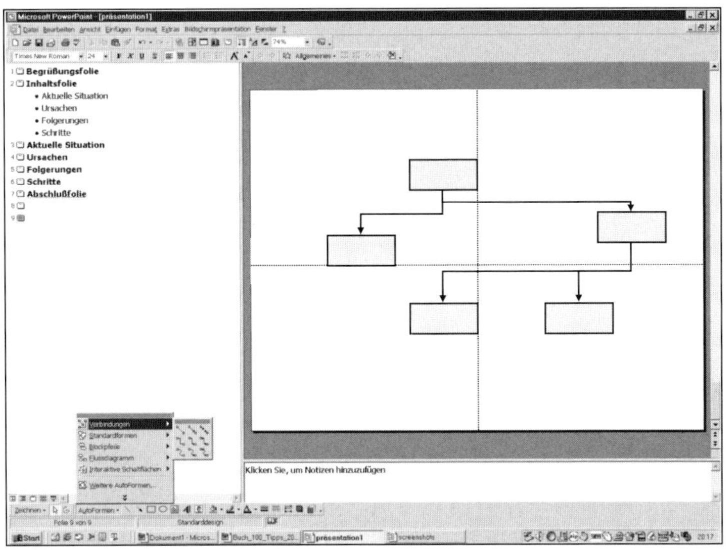

Viele Ersteller verwenden Linien oder Pfeile, um Beziehungen zwischen Objekten darzustellen. Dies hat einen entscheidenden Nachteil: Wenn Sie Objekte mit normalen Linien, zu denen auch der Pfeil gehört, miteinander verbinden und eines der Objekte verschieben, müssen Sie den Pfeil neu erstellen, da der alte nun ins Leere zeigt. Wenn Sie dagegen für die Darstellung eines Pfeiles die Verbindungslinien nutzen und ein Objekt verschieben, passt sich der Pfeil der Verschiebung an, Sie müssen ihn nicht neu erstellen. Um eine Verbindung zu erzeugen, klicken Sie das Feld *AutoFormen* an. Nun können Sie unter dem Punkt *Verbindungen* zwischen verschiedenen Verbindungslinien wählen.

Bei der Beschriftung von AutoFormen wird häufig der Fehler gemacht, dass der Ersteller ein Textfeld erzeugt, das er über die AutoForm legt. Hierdurch entsteht das gleiche Problem, das wir bereits bei der Verwendung von Linien kennen gelernt haben. Wenn Sie ein Textfeld über eine AutoForm gelegt haben und die AutoForm verschieben möchten, werden Sie sowohl die AutoForm als auch das Textfeld einzeln verschieben müssen. Alternativ können Sie die beiden Objekte vorher gruppieren und nach der Verschiebung bei Bedarf die Gruppierung wieder aufheben. Egal welchen der beiden Wege Sie gehen, jeder der beiden Wege ist umständlich.

Verwenden Sie keine Textfelder, sondern schreiben Sie direkt in die AutoForm!

Dazu markieren Sie die AutoForm und geben dann Ihren Text ein. Der Text wird automatisch zentriert. Wenn Sie die AutoForm verschieben, wird der Text automatisch mit verschoben.

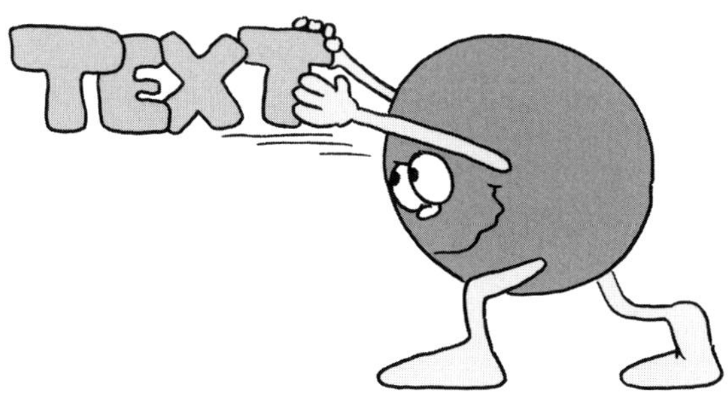

Wie aktualisiere ich Daten?

Sie haben eine Präsentation erstellt, die Sie immer wieder verwenden möchten. Diese Präsentation beinhaltet Grafiken, mit Hilfe derer Sie aktuelle Daten, zum Beispiel Zahlen, präsentieren. Da sich die Zahlen verändern, muss Ihre Präsentation ständig aktualisiert werden.

Viele nutzen das in PowerPoint integrierte Programm, um Diagramme und Grafiken zu erstellen. Wenn Sie Grafiken anfertigen, die Sie nur für eine einzige Präsentation nutzen oder bei der sich die Daten niemals ändern, ist dieses Vorgehen die einfachste Möglichkeit. Wenn die Daten aber immerfort aktualisiert werden müssen, ist dieses Vorgehen nicht sinnvoll, da Sie die Grafik andauernd überarbeiten oder sogar neu erstellen müssen.

Verknüpfen Sie PowerPoint mit aktuellen Quelldateien!

In unserem Beispiel wäre es empfehlenswert, eine Excel-Datei mit der PowerPoint-Präsentation zu verknüpfen. In dem Moment, in dem die Zahlen in der Excel-Datei verändert werden, verändert sich auch die Darstellung in Ihrer Präsentation. Um ein Excel-Diagramm mit PowerPoint zu verknüpfen, müssen Sie dieses in Excel kopieren. Wählen Sie nun in PowerPoint in dem Menü *Bearbeiten* den Befehl *Inhalte einfügen*. In dem sich nun öffnenden Fenster klicken Sie zunächst *Link einfügen* und dann *OK* an. Das Diagramm wird nun eingefügt. Jede Änderung der Daten in Excel aktualisiert nun automatisch die Daten in PowerPoint. Achten Sie bitte darauf, dass sowohl die Excel- als auch die PowerPoint-Datei gespeichert sind und die Excel-Datei nicht in einen anderen Ordner verschoben wird. Ansonsten kann PowerPoint nicht auf die Excel-Datei zugreifen. Selbstverständlich können Sie PowerPoint auch mit anderen Microsoft Office-Programmen verknüpfen.

Wie transportiere ich eine Präsentation?

Sie haben auf Ihrem Rechner eine Präsentation erstellt und möchten diese auf einem anderen Computer vorführen. Um sicher zu sein, dass Ihre Präsentation auf dem anderen Rechner einwandfrei läuft, sollten Sie die Präsentation mitsamt aller Objekte, Multimediaelemente, Schriftarten sowie sämtlichen Verknüpfungen abspeichern.

Speichern Sie Ihre Präsentation mit dem Pack & Go-Assistenten ab!

Diese Funktion sollten Sie aktivieren, nachdem Sie Ihre Präsentation einschließlich aller Objekte erstellt haben. Zusätzlich können Sie über den Pack & Go-Assistenten das Programm Microsoft PowerPoint-Projektor (Viewer) abspeichern, das Ihnen ein Abspielen Ihrer Präsentation auch dann erlaubt, wenn auf dem anderen Rechner kein PowerPoint installiert ist.

Um Ihre Präsentation mit Pack & Go zu speichern, sollten Sie zunächst einen Datenträger in das entsprechende Laufwerk legen. Wählen Sie im Menü *Datei* den Befehl *Pack & Go*. Nun wird das Standarddialogfeld geöffnet, in dem Sie auf *Weiter* klicken. Im nächsten Dialogfeld wählen Sie aus, welche Präsentation Sie speichern möchten. Die aktuelle Präsentation ist dabei vorgegeben. Wenn Sie eine andere Präsentation speichern möchten, klicken Sie die Option *Weitere Präsentationen* an. Als nächsten Schritt wählen Sie, wo die neue Datei abgelegt werden soll. Zuletzt entscheiden Sie, ob auch alle verknüpften Dateien gespeichert werden sollen. Wenn Sie sich unsicher sind, sollten Sie generell auch Verknüpfungen mit abspeichern. Eine weitere Option ist *TrueType-Schriftarten einbetten.* Diese sollten Sie wählen, wenn Sie damit rechnen müssen, dass die von Ihnen verwendeten Schriftarten nicht auf dem anderen Rechner installiert sind.

Bevor Sie die Präsentation auf einem Datenträger speichern, sollten Sie überprüfen, ob Sie genug freien Speicherplatz auf der Festplatte haben, da hier die Präsentation zwischengespeichert wird.

Nach dem Abspeichern der Präsentation können Sie den PowerPoint-Projektor (Viewer) hinzufügen, damit Sie Ihre Präsentation auch auf einem Rechner abspielen können, auf dem kein PowerPoint installiert worden ist. Jetzt müssen Sie nur noch auf Fertigstellen klicken, damit der Pack & Go-Assistent die Präsentation und alle dazugehörigen Dateien auf Diskette abspeichert.

Um mit Ihrer Datei auf einem anderen Rechner arbeiten zu können, öffnen Sie über den Explorer die Datei *pngsetup.exe*. Die Daten werden nun dekomprimiert. Folgen Sie anschließend den Anweisungen des Bildschirms. Sollte PowerPoint auf dem Rechner nicht installiert sein, müssen Sie den Power Point-Projektor (Viewer) auf der Festplatte abspeichern.

Wir möchten Ihnen trotz der Möglichkeiten des Pack & Go-Assistenten empfehlen, nach Möglichkeit immer mit dem eigenen Rechner zu arbeiten. Aus unserer Erfahrung heraus sollten Sie auf Grund der Fehleranfälligkeit des Assistenten auf diesen nur dann zugreifen, wenn es wirklich keine andere Möglichkeit gibt.

Präsentieren Sie nach Möglichkeit mit dem eigenen Rechner!

Welche Tastenkombinatioen sind hilfreich?

Wie auch bei anderer Software gibt es bei PowerPoint Tastenkombinationen, die Ihnen die Arbeit mit PowerPoint deutlich erleichtern können. Nachstehend sehen Sie Tastencodes, die für die Erstellung sehr sinnvoll sind und daher häufig genutzt werden:

Strg + N	neue Präsentation,
Strg + M	neue Folie einfügen,
Strg + S	Präsentation speichern,
Strg + P	Präsentation drucken,
Strg + Z	letzte Aktion rückgängig machen,
Strg + C	markiertes Objekt kopieren,
Strg + X	markiertes Objekt ausschneiden,
Strg + V	Objekt aus der Zwischenablage einfügen,
Strg + A	alles markieren.

Mit folgenden Tastenkombinationen steuern Sie die Bildschirmpräsentation:

F5	Bildschirmpräsentation starten
Punkt	schwarzer Bildschirm/weiter
Komma	weißer Bildschirm/weiter
Eingabetaste, N, ®, ¯, Bild ¯, Leertaste	zur nächsten Folie oder Animation gehen
P, ¬, -, Bild -, Rücktaste	zur vorherigen Folie oder Animation gehen
Strg + P	Mauszeiger wird zum Stift
Strg + A	Stift wird zum Mauszeiger
Esc	Bildschirmpräsentation beenden

Sie haben die Bildschirmpräsentation, die Sie in den nächsten Tagen vorstellen sollen, fertig erstellt. Jetzt gibt es nur noch einen Schritt, den Sie niemals vergessen sollten.

Machen Sie einen Probedurchlauf Ihrer PowerPoint-Präsentation!

Völlig unabhängig von der Sorgfalt, mit der Sie eine Präsentation erstellen, wird es nur selten vorkommen, dass eine Präsentation bereits beim ersten Durchgang einwandfrei läuft. Es sind meist Kleinigkeiten, die noch nachgebessert werden müssen. Überarbeiten Sie die Schwachstellen und wiederholen Sie den Probedurchlauf so lange, bis die Präsentation »rund« ist. Auch dann, wenn Sie im Nachhinein nur eine einzige Veränderung vornehmen, sollten Sie den Probedurchlauf, zumindest des Teiles, in dem Sie etwas verändert haben, wiederholen.

Nutzen Sie diese Generalprobe, um die Präsentation in der Gesamtheit auf sich wirken zu lassen und zu kontrollieren, ob sie auch in sich stimmig ist.

Zehn Tipps und Tricks, wie Sie auf keinen Fall mit PowerPoint arbeiten sollten

- Erstellen Sie Ihr eigenes Design! Heben Sie Ihre Individualität gegenüber Ihrer Firma hervor!
- Nehmen Sie Formatierungen bei jeder einzelnen Folie vor!
- Verzichten Sie auf Überschriften! Verlassen Sie sich auf Ihr Zahlengedächtnis!
- Stellen Sie Hyperlinks rot dar, damit Sie gut sichtbar sind!
- Animieren Sie jeden Folienübergang anders! Zuschauer lieben die Abwechslung.
- Ordnen Sie AutoFormen mit dem Auge an! Durch Unregelmäßigkeiten werden Folien interessant.
- Verwenden Sie lediglich Linien, um AutoFormen miteinander zu verbinden!
- Erstellen Sie für Text neue Textfelder! Dann können Sie den Text an jede gewünschte Stelle verschieben.
- Verzichten Sie auf Tastenkombinationen!
- Machen Sie auf keinen Fall einen Probedurchlauf! Es wird schon alles stimmen.

Tipps und Tricks für den Vortrag

Wie zeige ich dem Publikum den roten Faden auf?

Es ist eine Sache, für eine Präsentation eine klare Struktur gewählt zu haben, aber es ist eine ganz andere Sache, dem Publikum diese Struktur deutlich zu machen. Wie bereits beschrieben, sollten Sie den Zuhörern gleich zu Beginn Ihres Vortrages einen Überblick über das geben, was sie erwartet. Dies sollten Sie durch eine Übersichtsfolie, die Sie während des Vortrages mehrfach einblenden können, unterstreichen. Darüber hinaus haben Sie auch auf der rhetorischen Seite Möglichkeiten, dem Zuhörer den roten Faden aufzuzeigen.

Stellen Sie rhetorische Fragen!

Wir möchten Ihnen das anhand eines Beispieles erklären:

> Sie haben für den Hauptteil die Struktur »Ist – Ziel – Weg« gewählt. Sie haben den Zuhörern im ersten Teil Ihres Vortrages eine Übersicht gegeben. Nun steigen Sie mit der Frage »Wie sieht denn zurzeit die Situation im Vertrieb aus?« in den Hauptteil ein. Sie machen eine kurze Pause und beantworten diese rhetorische Frage selbst. Nachdem Sie die aktuelle Situation beschrieben haben, machen Sie eine kurze Pause und leiten mit der Frage »Was wollen wir mit unserem Vertrieb erreichen?« den zweiten Teil des Hauptteiles ein. Auch nach dieser Frage machen Sie eine Pause, damit der Zuhörer sich in die Thematik hineindenken kann. Den dritten Teil könnten Sie beginnen mit der Frage »Wie können wir das in die Praxis umsetzen?« .

Der Einsatz von rhetorischen Fragen hat neben dem Aufzeigen der Struktur den Vorteil, dass die Zuhörer zum Mitdenken angeregt werden. Die Pausen vor und nach den Fragen sind sehr wichtig. Sie sind Verschnauf- und Denkpausen.

Insbesondere bei längeren Vorträgen ist es für das Publikum manchmal sehr schwer, den roten Faden nicht aus dem Auge zu verlieren.

Stellen Sie bei längeren Präsentationen Ihre Gliederung auf einem Flipchart vor!

Eine Übersichtsfolie zu Beginn einer Präsentation ist Standard. Der Nachteil einer solchen Inhaltsfolie ist, dass die Gliederung für den Zuhörer nicht mehr sichtbar ist, sobald Sie die Übersichtsfolie ausblenden. Wenn Sie mit einem Flipchart arbeiten, hat das den Vorteil, dass die Gliederung auch dann für das Publikum präsent ist, wenn Sie in Ihrer Präsentation fortfahren und neue Folien einblenden.

Bei kürzeren Präsentationen ist dieses Vorgehen in der Regel nicht erforderlich, wobei Sie selbstverständlich dennoch auf diese Technik zugreifen können.

Was tun, wenn zum Inhalt keine Folie vorhanden ist?

Sie schweifen von Ihrem Thema ab, vergessen die nächste Folie aufzulegen oder beantworten Fragen aus dem Publikum, für die Sie keine Folie parat haben. In allen Fällen entsteht die Situation, dass die Zuhörer eine Sache betrachten und Sie als Vortragender von etwas ganz anderem erzählen. Dieses verwirrt die Zuhörer unnötig.

Entfernen Sie die Folien, wenn Sie über andere Inhalte sprechen! Blenden Sie Ihre Folie in dem Moment aus, in dem Sie sie verlassen.

Bei dem Einsatz eines Overheadprojektors empfehlen wir Ihnen auf Grund der teilweise recht langen Aufwärmphase des Gerätes, die Folie mit einem Blatt Papier abzudecken, wenn Sie diese nur kurzzeitig ausblenden möchten. Sollten Sie den Projektor längere Zeit nicht nutzen beziehungsweise sollte die Phase zwischen zwei Folien zu lang werden, sollten Sie ihn ausschalten.

Bei der Arbeit mit einem Beamer sollten Sie zwischen vorhersehbaren und unvorhersehbaren Phasen des Ausblendens unterscheiden. Wenn Sie von vorneherein wissen, dass Sie nach einer bestimmten Folie einen freien Vortrag ohne visuelle Unterstützung halten, können Sie an der betreffenden Stelle eine schwarze Folie einfügen. Bei unvorhergesehenen Abschweifungen können Sie den Bildschirm durch einen einzigen Tastendruck ausblenden.

Drücken Sie die Punkt- oder die Komma-Taste, um den Bildschirm auszublenden!

Wenn Sie Ihren Folienvortrag unterbrechen und die Punkt-Taste (oder die Buchstabentaste B) drücken, wird der Bildschirm schwarz. Bei der Komma-Taste (oder der Buchstabentaste W) wird der Bildschirm weiß. Damit ist die volle Aufmerksamkeit Ihres Publikums wieder bei Ihnen. Wenn Sie zu Ihrem Vortrag zurückkehren und die nächste Folie einblenden möchten, drücken Sie einfach wieder die Punkt- oder die Komma-Taste (oder die Buchstabentaste). Dann kehren Sie dahin zurück, wo Sie aufgehört haben. Bei älteren Versionen können Sie den Bildschirm ausblenden, wenn Sie die Tastenkombination ALT + S drücken. Durch Drücken der Esc-Taste gelangen Sie wieder zurück zur Folie.

Selbstverständlich können Sie die genannten Tasten auch bei vorhersehbaren Ausblendungen nutzen. Der Nachteil gegenüber der eingebauten schwarzen Folie ist jedoch, dass Sie für das Drücken der Tasten an Ihren Laptop herantreten müssen. Wenn Sie von vorneherein schwarze Folien eingebaut haben, können Sie diese komfortabel durch Mausklick aufrufen, auch wenn sie nicht unmittelbar an Ihrem Laptop stehen.

Wie lenke ich die Aufmerksamkeit der Zuhörer?

Präsentatoren können viel von Zauberern lernen. Diese sind Meister darin, Aufmerksamkeit zu lenken. Die gleiche Aufgabe haben Sie als Vortragender. Im Gegensatz zum Zauberer lenken Sie jedoch nicht von einer Sache ab, sondern zu einer Sache hin.

Lenken Sie die Aufmerksamkeit Ihres Publikums durch Gestik und Sprache!

Viele Vortragende führen sich die Tatsache, dass Sie die Aufmerksamkeit des Publikums steuern können, nicht deutlich genug vor Augen. Die Möglichkeiten, auf die Aufmerksamkeit des Zuhörers Einfluss zu nehmen, sind sehr vielfältig. So wirken sich beispielsweise sprechtechnische Aspekte wie die Sprechmelodie und die Lautstärke sowie der Inhalt selber, die gewählte Struktur und die Art und Weise, wie eine Präsentation animiert wird, darauf aus, wie aufmerksam das Publikum ist.

Ein weiteres Mittel, um Aufmerksamkeit zu steuern, ist die Gestik. In dem Moment, wo Sie den Einsatz von Gestik forcieren, ziehen Sie die Blicke des Publikums auf sich.

Setzen Sie zielgerichtet Gestik ein!

Wenn Sie ein Medium einsetzen und möchten, dass Ihr Publikum Ihnen zuhört und dabei das Bild an der Wand betrachtet, sollten Sie mit Ihrer Gestik sparsam umgehen. Wenn Sie die Aufmerksamkeit von der Wand weg zu sich selbst dirigieren möchten, sollten Sie mehr gestikulieren. Gut ist, diesen verstärkten Einsatz von Gestik durch einen Schritt in die Mitte des Raumes zu unterstreichen. Damit machen Sie deutlich, dass jetzt nicht mehr das Bild an der Wand der Mittelpunkt des Vortrages ist, sondern Sie selbst beziehungsweise das, was Sie sagen.

In der Regel werden Sie versuchen, die Aufmerksamkeit auf sich zu ziehen, wenn Sie nicht mehr über den Inhalt der Folie sprechen, die Sie an die Wand projiziert haben. Wie bereits vorher beschrieben, sollten Sie die Folie in diesem Moment ausblenden. Sollte dies nicht möglich sein, so wird der verstärkte Gestikeinsatz dennoch dazu führen, dass Sie die Aufmerksamkeit Ihres Publikums erhalten.

Soll ich sitzend oder stehend vortragen?

Natürlich ist die Beantwortung dieser Frage von der jeweiligen Konstellation abhängig. Wenn Sie beispielsweise eine Präsentation vor einer kleinen Gruppe von drei oder vier Leuten halten, ist es durchaus möglich, im Sitzen zu präsentieren. Bei größeren Gruppen möchten wir Ihnen aber empfehlen, grundsätzlich stehend vorzutragen. Die Gründe dafür sind recht einfach. Ein Vortrag im Stehen ist meist lebendiger. Sie haben weitaus bessere Möglichkeiten, mit Ihrem Körper und Ihrer Gestik zu agieren. Der entscheidendste Grund aber ist, dass Sie Ihr Publikum weitaus besser im Blick haben und besser vom Publikum gesehen werden, als wenn Sie sitzend vortragen.

Tragen Sie stehend vor!

Außerdem sollten Sie den Blickkontakt zum Publikum suchen. Blickkontakt ist eine wichtige Möglichkeit über den Dialog hinaus, in direkten Kontakt mit dem Publikum zu treten. Sie sehen die Reaktionen Ihrer Zuhörer. Sie sehen, wie sich die Zuhörer fühlen, ob sie interessiert sind oder unmotiviert, ob sie begeistert oder eher gelangweilt reagieren, ob sie den Inhalt verstanden haben oder ob sie eine Frage auf den Lippen haben. Sie nehmen den Zuhörer wahr und können dadurch adäquat auf Ihr Publikum reagieren. Vortragende, die keinen Blickkontakt herstellen, laufen Gefahr, am Publikum vorbeizupräsentieren.

Wo stehe ich bei der Präsentation?

Es passiert leider sehr häufig, dass Zuschauer gebannt auf die Leinwand starren und ihnen plötzlich vom Vortragenden der Blick versperrt wird. Die Folge ist ein unruhiges Hin und Her der Oberkörper in dem Versuch, am Vortragenden vorbeizuschielen. Die wenigsten Zuhörer bitten den Vortragenden, zur Seite zu gehen. Daher ist es Ihre Aufgabe als Vortragender, darauf zu achten, dass Sie dem Zuhörer nicht die Sicht nehmen.

Achten Sie darauf, dass die Zuhörer immer freien Blick auf die Präsentationswand haben!

Sie sollten sich also so positionieren, dass Sie keinem Ihrer Zuhörer den Blick versperren. Zudem sollten Sie an einer Stelle stehen, an der Sie zu jedem Zuhörer Blickkontakt aufbauen können.

Ein weiterer häufig zu beobachtender Fehler ist, dass der Vortragende sich einem Teil der Zuhörer so zuwendet, dass er die anderen im Rücken hat. So hat er das Publikum nicht mehr im Blick und kann daher nicht mehr adäquat reagieren. Zudem fühlen sich die Zuhörer durch den zugewendeten Rücken ausgegrenzt. Der Vortragende beachtet sie nicht und hat scheinbar kein Interesse an ihnen.

Achten Sie darauf, dass sich das Publikum vor Ihrer Körperachse befindet!

Wenn Sie beide Arme seitlich ausstrecken, bilden die Arme und Ihr Kopf eine Gerade. Diese Gerade ist die Körperachse. Sie werden feststellen, dass Sie Bewegungen, die vor Ihrer Körperachse stattfinden, auch dann noch wahrnehmen können, wenn Sie geradeaus blicken. Bewegungen, die hinter der Körperachse ausgeführt werden, registrieren Sie nicht mehr. Aus diesem Grunde sollte sich jeder einzelne Zuhörer vor Ihrer Körperachse befinden.

Je nachdem, wie weit die äußersten Zuschauer von Ihnen entfernt sitzen, haben Sie mehr oder weniger viel Bewegungsspielraum. Sitzen die Zuschauer auf der gleichen Höhe wie Sie selbst, bedeutet das, dass Sie sich überhaupt nicht mehr drehen können. Je größer der Abstand zu den Zuhörern ist, desto mehr Bewegungsspielraum haben Sie. Jetzt gilt es, die goldene Mitte zu finden. Sie sollten versuchen, den Abstand zur ersten Reihe so zu gestalten, dass auf der einen Seite Ihre »Bühne« groß genug ist, dass auf der anderen Seite aber ein guter Kontakt zum Publikum möglich ist.

Bei manchen räumlichen Gegebenheiten ist es für den Vortragenden sehr schwierig, nicht in das Blickfeld der Zuschauer zu geraten. In den meisten Seminar- und Konferenzräumen sind die Leinwände beziehungsweise Monitore zudem fest installiert. Damit sind die Bewegungsmöglichkeiten des Vortragenden von vorneherein eingeschränkt.

Überprüfen Sie, ob es möglich ist, die Leinwand zu verstellen!

Dieser Tipp kommt vor allem bei sehr schmalen Räumen zum Tragen. Wie Sie in der Abbildung auf der nächsten Seite oben sehen können, würde der Vortragende den Zuhörern die Sicht versperren, sobald er einen Schritt in die Mitte des Raumes macht. Seine einzige Möglichkeit ist daher, sich unmittelbar neben die Leinwand zu postieren. Dies hat den Nachteil, dass er sich auf gleicher Höhe mit den Zuhörern der Außenreihe befindet. Diese Zuhörer werden nun versuchen, an den vor ihnen sitzenden Zuhörern vorbeizuschauen, um den Vortragenden zu sehen. Das erzeugt ein unruhiges Hin und Her, sobald ein Zuhörer dieser Reihe seine Sitzposition verändert. Es wird Ihnen nicht gelingen, zu allen Zuhörern Blickkontakt aufzubauen.

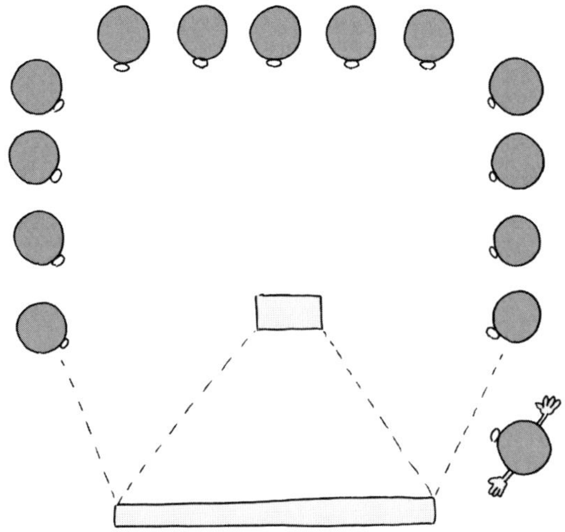

In der nachfolgenden Abbildung ist die Leinwand leicht schräg angebracht. Durch diese Variante hat der Vortragende deutlich mehr Bewegungsspielraum. Dadurch, dass er sich mehr in die Mitte bewegen kann als in dem Raum in der vorherigen Abbildung, kann er zu allen Beteiligten Blickkontakt aufbauen, ohne dabei die freie Sicht zur Leinwand zu beeinträchtigen.

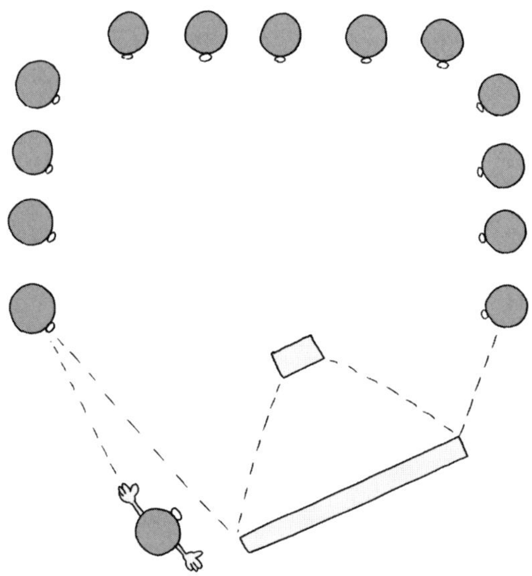

Wie wechsle ich Folien?

Ein Standardfehler, der in der Arbeit mit dem Overheadprojektor gemacht wird, ist die Art und Weise, wie Folien gewechselt werden. Der Projektor steht in der Regel in der Mitte des Raumes. Das bedeutet logischerweise, dass Sie beim Wechsel der Folien in das Blickfeld Ihrer Zuschauer geraten. Sie legen die neue Folie auf und setzen Ihren Vortrag unmittelbar fort. Die Zuschauer sind nun damit beschäftigt, einen Blick auf die neu aufgelegte Folie zu erhaschen. Als Vortragender verlieren Sie die Aufmerksamkeit Ihres Publikums.

Machen Sie Pausen beim Folienwechsel!

Sie sollten die Folien in Ruhe wechseln. Machen Sie eine Pause, sobald Sie eine Folie wechseln, und setzen Sie Ihren Vortrag erst dann fort, wenn jeder Zuschauer freie Sicht hat und Sie wieder Blickkontakt zu Ihrem Publikum aufgebaut haben. Die Pausen entstehen automatisch an den richtigen Stellen, da mit jeder neuen Folie ein neuer Abschnitt beginnt. Die Zuschauer werden Ihnen für diese Pausen dankbar sein. Sie können einmal kurz durchatmen, Durchgesprochenes »sacken« lassen und haben ausreichend Zeit, sich in die neue Folie hineinzudenken. Zudem können Sie sicher sein, wieder die volle Aufmerksamkeit Ihres Publikums zu haben, sobald Sie Ihren Vortrag fortsetzen.

Um zu vermeiden, dass Sie Ihren Vortrag nach einem Folienwechsel zu früh fortsetzen, sollten Sie die 3-W-Technik anwenden.

Sie haben die vorhergehende Folie besprochen und machen nun eine Pause. Sie *wechseln* die Folie und gehen zurück an Ihren Platz. Sie nehmen den Blickkontakt zum Publikum *wieder* auf. Erst jetzt sprechen Sie *weiter*.

Sie werden sich immer wieder dabei ertappen, dass Sie diese Technik nicht hundertprozentig konsequent umsetzen. Sie führt aber in jedem Falle dazu, dass Ihre Aufmerksamkeit beim Publikum ist und dass Ihr Publikum ausreichend Zeit hat, sich in der neuen Folie zurechtzufinden.

Prinzipiell sollten Folien so einfach wie möglich gestaltet sein. Trotzdem wird es sich nicht immer vermeiden lassen, eine komplexere, schwer verständliche Folie aufzulegen. Sie haben mit PowerPoint gute Möglichkeiten, solche Folien in kleinen Schritten entstehen zu lassen und den Zuhörer durch die Folie zu begleiten. Dennoch sollten Sie sich immer wieder bewusst machen, dass die meisten Zuhörer nicht so sehr mit der Thematik vertraut sind wie Sie selbst. Diese Zuhörer brauchen Zeit.

Geben Sie Ihren Zuhörern ausreichend Zeit, sich in eine Folie hineinzudenken!

Machen Sie nach dem Auflegen einer schwierigen Folie eine längere Pause und beobachten Sie Ihre Zuhörer. Sobald Sie das Gefühl haben, dass sich die Zuhörer in die Folie hineingedacht haben, sollten Sie Ihren Vortrag fortsetzen.

Das größte Problem mit Pausen hat meistens der Vortragende selbst, da er die Dauer einer Pause völlig anders empfindet als das Publikum. Der Vortragende erlebt eine Pause als unerträglich lang, während der Zuhörer froh ist, endlich einmal das Vorgetragene durchdenken zu können. Wir haben während all unserer Trainings keinen Bereich erlebt, bei dem die Diskrepanz zwischen der Eigen- und Fremdwahrnehmung größer ist als bei den Pausen.

Wie richte ich Folien aus?

Wer hat die folgende Situation noch nicht erlebt? Sie sitzen als Zuhörer voll freudiger Erwartung in einer Präsentation. Der Anfang ist viel versprechend und endlich steigt der Vortragende in das Thema ein und legt die erste Folie auf. Er beginnt zu sprechen und merkt nicht, dass die Folie schräg liegt und die Überschrift nicht auf der Wand, sondern unter der Decke zu sehen ist. Ein scheinbar banaler Fehler, der selbst Profis passieren kann.

Richten Sie vor der Präsentation Ihre Folien aus!

Testen Sie daher schon im Vorfeld den Projektor. Dazu gehört, die Funktionsfähigkeit zu überprüfen sowie Folien aufzulegen und auszurichten. Achten Sie darauf, dass der Projektor ein gerades Bild an die Wand projiziert. Wenn das Bild schräg sein sollte, müssen Sie den Projektor entsprechend drehen. Der Projektor sollte im 90-Grad Winkel zur Leinwand stehen, da Bilder ansonsten verzerrt werden. Merken Sie sich die Kante, an der Sie Ihre Folien anlegen. Gut ist es, die Folien so auszurichten, dass die obere Kante der Folie mit der Kante der Glasfläche des Projektors abschließt. Eine andere Möglichkeit wäre, die Stelle, an der Sie die Folien anlegen möchten, mit farbigem Klebeband zu markieren. So werden Sie während des Vortrages kein Problem haben, die Folien gerade und gut sichtbar aufzulegen.

In vielen Fällen können Sie den Projektor vor Vortragsbeginn ausrichten und dann unverändert stehen lassen. Manchmal stört der Projektor, und es ist sinnvoll, ihn bis zu seinem Einsatz in die Ecke zu schieben. Das hat zur Folge, dass Sie den Projektor neu ausrichten müssen, sobald Sie die erste Folie auflegen.

Markieren Sie die richtige Position des Overheadprojektors beziehungsweise des Beamers mit Klebeband!

Klebeband finden Sie in jedem gut ausgestatteten Moderatorenkoffer. Wenn Sie die richtige Position Ihres Mediums vor der Präsentation auf dem Boden mit Klebeband markieren, müssen Sie den Projektor nur noch an die richtige Stelle schieben. Das nimmt nur wenige Sekunden in Anspruch. Nehmen Sie sich die Ruhe und die Zeit dazu.

Gehen wir noch einmal zurück zu unserem Beispiel. Der Vortragende hat die Folie schräg aufgelegt und es nicht bemerkt. Wie Sie Folien korrekt auflegen, haben wir soeben beschrieben. Doch auch wenn Sie das Procedere beherrschen, kann es vorkommen, dass eine Folie verrutscht.

Kontrollieren Sie die Lage Ihrer Folien!

Selbst wenn eine Folie verschoben sein sollte, darf das kein Problem darstellen. Vergewissern Sie sich, dass die Folie richtig liegt. Der beste Zeitpunkt dafür ist, bevor Sie auf Ihren Platz zurückkehren. Meist reicht ein kurzer Blick über die Schulter.

Es gibt Vortragende, die die Lage der Folien ständig kontrollieren. Zunächst beim Auflegen, dann beim Zurückgehen und dann immer mal wieder während des Vortrages. Eine Folie hat keine Beine und sie wird während des Vortrages nicht vor Ihnen weglaufen. Versuchen Sie, den ständigen Blick zur Wand zu vermeiden. Er wirkt unruhig und unprofessionell.

Wo lege ich die Folien hin?

Viele Vortragende legen die Folien unmittelbar neben den Overheadprojektor, da sie den Weg von den Folien zum Projektor möglichst kurz halten möchten. Wenn der Standort der Vortragenden nicht direkt neben dem Overheadprojektor ist, hat diese Handhabung jedoch zwei entscheidende Nachteile.

Der erste Nachteil liegt darin: Sie kommen zum Ende einer Folie und wenden sich gedanklich schon der nächsten Folie zu. Sie werden sich, noch während Sie sprechen, zur neuen Folie hinbewegen. Wenn die Folien nun direkt neben dem Projektor liegen, passiert es vielen Vortragenden, dass sie sprechend und nach einer Folie suchend im Blickfeld der Zuschauer stehen.

Positionieren Sie die Folien in Ihrer unmittelbaren Nähe!

Wenn Sie die Folien auf einem zusätzlichen Tisch in Ihrer Nähe deponieren, werden Sie keinem Zuhörer die Sicht versperren, wenn Sie eine neue Folie aufnehmen. Selbst dann, wenn Sie bei der Aufnahme der Folie noch einen Satz beenden, wird der Zuschauer dieses nicht als nachteilig erleben.

Ein weiterer Nachteil, die Folien direkt neben den Projektor zu legen, kommt zum Tragen, wenn Sie die vorgeplante Reihenfolge der Folien verändern. Wenn beispielsweise ein Zuhörer eine Folie nochmals sehen möchte, werden Sie diese Folie suchen müssen. Wenn die Folien beim Overheadprojektor liegen, versperren Sie die Sicht zur Leinwand, und der Zuhörer wird sich mit seiner vollen Aufmerksamkeit Ihrer Suche widmen. Wenn Sie die Folien auf einen separaten Tisch in Ihrer Nähe gelegt haben, hat der Zuhörer die Möglichkeit, in Ruhe über die auflegte Folie nachzudenken. Das bedeutet, dass Sie ganz gelassen nach der gewünschten Folie suchen können, da der Zuhörer beschäftigt ist.

Daher ist nicht der Abstand von der Folie zum Projektor entscheidend, sondern vielmehr der Abstand von den Folien zu Ihnen. Letztendlich kann sich eine Folie ohne Ihre Hilfe nicht fortbewegen. Sie sollten Ihren Vortrag daher an einer Stelle halten, bei der Sie einen kurzen Abstand zum Overheadprojektor haben.

Ein weiterer wichtiger Punkt ist die Art und Weise, wie Sie Folien verwahren. Viele Vortragende haben Ihre Folien in Ordnern abgeheftet. Das ist eine gute Methode, um Ordnung zu halten. Der Nachteil ist jedoch, dass das manchmal mühsame Herausnehmen und erneute Abheften, nachdem die Folie gezeigt wurde, von den Zuhörern als störend empfunden wird.

Legen Sie Ihre Folien lose in einen Kartondeckel!

Gut ist es, zwei DIN-A4-große Kartondeckel zu nutzen, wie beispielsweise die Verpackungen, in denen Sie neue Folien vorfinden. In einem Deckel befinden sich zunächst alle Folien. Der andere Deckel ist leer und wird mit den Folien, die Sie bereits gezeigt haben, gefüllt. Wenn Sie die Folien verkehrt herum in diesen Deckel legen, liegen die Folien für den nächsten Vortrag automatisch richtig herum und sind einwandfrei sortiert. Zwischen zwei Folien sollten Sie jeweils ein weißes Blatt Papier einfügen, damit Sie jede Folie vor dem Auflegen gut erkennen können. Damit haben Sie eine schnelle und gute Kontrolle darüber, ob die nächste Folie wirklich die gewünschte ist. Für den Fall, das Ihre Folien trotzdem einmal durcheinander geraten, sollten Sie diese nicht während des Vortrages, sondern danach sortieren.

In vielen Vorträgen taucht ein und dieselbe Folie mehrmals auf. Es ist häufig zu beobachten, dass Vortragende in diesem Fall ihren Folienstapel durchwühlen, um die bereits gezeigte Folie zu suchen.

Erstellen Sie eine gleiche Folie so oft, wie sie in Ihrem Vortrag gezeigt wird!

Damit vermeiden Sie längere Suchaktionen, mit denen Sie den Unmut des Zuhörers auf sich ziehen und mit denen Sie sich unnötigem Stress aussetzen.

Wie kann ich beim Overheadprojektor Folien aufbauen?

Sie wollen Ihren Zuhörern eine komplexe Grafik zeigen. Damit die Zuhörer die Abbildung verstehen, möchten Sie diese schrittweise erklären.

Bauen Sie Grafiken nach und nach auf!

Das bedeutet: Sie sollten vermeiden, eine komplexe Grafik zu zeigen, die Sie nach und nach in ihre Bestandteile zerlegen. Machen Sie es genau andersherum. Erklären Sie den Zuhörern einen Teil der Abbildung, und erweitern Sie sie, wenn die Zuhörer den ersten Teil verstanden haben. So können Sie die Komplexität der Grafik langsam steigern und sich zwischendurch immer wieder absichern, ob Ihre Zuhörer Ihnen noch folgen können. Diese wiederholte Verständnissicherung hat den großen Vorteil, dass Sie in dem Fall, wenn ein Zuhörer etwas nicht verstanden hat, nur den letzten Teil noch einmal erklären müssen und nicht die gesamte Folie. Auch wenn es im ersten Moment aufwändig erscheinen mag, eine Grafik in fünf oder sechs Teilgrafiken zu zerlegen, sparen Sie spätestens in dem Moment Zeit, in dem Nachfragen kommen.

Bei der Arbeit mit einem Beamer stellt das schrittweise Aufbauen einer Grafik beziehungsweise einer Folie kein Problem dar. Sie können die kleinsten Einheiten so animieren, dass sie einzeln ins Bild kommen. Doch welche Möglichkeiten haben Sie bei der Arbeit mit dem Overheadprojektor?

Eine häufig zu beobachtende Technik ist das *Abdecken*. Bei dieser Technik legt der Vortragende Papier über den Teil der Folie, den der Zuschauer noch nicht sehen soll. Häufig wird mit zwei Blättern Papier gearbeitet, wobei das eine Blatt genutzt wird, um Zeilen abzudecken, und das andere, um Spalten abzudecken. Viele Zuschauer beschweren sich über diese Technik, weil sie sich entmündigt fühlen.

Vermeiden Sie die Abdecktechnik beim Overheadprojektor!

Ein weiterer Nachteil der Abdecktechnik beim Overheadprojektor ist, dass das Handling oft umständlich ist und die Zuschauer ablenkt. Der Vortragende ist zudem gezwungen, direkt beim Overheadprojektor zu stehen, womit er seinem Publikum meist die Sicht erschwert.

Kurz erwähnen möchten wir an dieser Stelle das so genannte Overlay-Verfahren, bei dem mehrere Folien übereinander gelegt werden. Von dieser Technik möchten wir ebenfalls abraten, da auch hier das Handling sehr umständlich ist und die Folien zudem leicht verrutschen. Außerdem nimmt die Lesbarkeit der Folien mit zunehmender Anzahl der Folien ab. Sie sollten stattdessen die Ausgangsfolie mehrfach zeigen und jedes Mal durch weitere Inhalte ergänzen.

Heben Sie die neuen Inhalte farblich hervor!

So erkennt der Zuschauer auf einen Blick, welcher Teil der Folie schon besprochen und verstanden wurde. Die alten Inhalte sollten insbesondere bei sehr komplexen Grafiken die neuen Inhalte überwiegen, sodass der Zuschauer sich nicht erschlagen fühlt.

Wohin schaue ich während des Vortrags?

Einer der größten Fehler in der Arbeit mit dem Overheadprojektor und dem Beamer ist, dass sich der Vortragende kaum dem Publikum sondern vielmehr der Wand zuwendet. Bei einer Beamerpräsentation ist das völlig unnötig, da der Vortragende einen Bildschirm vor sich hat, auf dem er das, was das Publikum an der Wand sieht, ebenfalls sehen kann. Bei der Overheadpräsentation ist das anders. Der Vortragende schaut zum Publikum und sieht nicht, was er an die Wand projiziert. Insofern ist die Versuchung natürlich äußerst groß, zur Wand zu schauen. Machen Sie sich bewusst, dass Sie in dem Moment, in dem Sie sich der Wand zuwenden, den Kontakt zum Publikum verlieren.

Sprechen und schauen Sie zum Publikum!

Achten Sie darauf, dass Sie Blickkontakt haben, wenn Sie Ihren Vortrag halten. Sobald Sie mit dem Overheadprojektor arbeiten, werden Sie in die Situation kommen, dass Sie gelegentlich zur Wand sprechen. Das ist völlig in Ordnung, solange es in Maßen bleibt. Es ist aber unverzeihbar, wenn Sie sich überwiegend vom Publikum abwenden und sich mit der Wand unterhalten.

Zudem sollten Sie darauf achten, wo Sie stehen. Wenn Sie zwei oder drei Meter vor der Wand stehen, wird das zur Folge haben, dass Sie sich umdrehen müssen, um auf die Leinwand schauen zu können. Nehmen Sie eine Position seitlich von der Leinwand ein, etwa in gleicher Höhe. Wenn Sie direkt an eine Raumwand projizieren, sollten Sie seitlich von der Projektionsfläche kurz vor der Wand stehen. In dieser Position haben Sie, wenn Sie sich leicht seitlich stellen, sowohl das Publikum als auch die Folie in Ihrem Blickfeld. Jetzt sind nur geringe Kopfbewegungen erforderlich, um mit dem Blick zwischen Wand und Publikum hin- und herzuspringen.

Woran erkenne ich, ob meine Zuhörer mich verstehen?

Es ist manchmal sehr schwer, Inhalte gut verständlich darzustellen. Sie selber sind als Vortragender Experte und setzen Kenntnisse voraus, die für Sie auf Grund Ihrer Erfahrung eine Selbstverständlichkeit sind, von denen Ihre Zuhörer teilweise aber noch nie etwas gehört haben. Wenn Sie einmal einen Nachfolger in Ihre Arbeit eingewiesen haben, haben Sie wahrscheinlich die Erfahrung gemacht, dass Sie vergessen haben, das ein oder andere zu erklären. Und das, obwohl Sie sich auf die Übergabe gut vorbereitet haben. Daraus resultierte, dass Ihr Nachfolger im Nachhinein noch mit etlichen Fragen an Sie herangetreten ist. Es waren meistens Fragen, die für Sie so einfach zu sein scheinen, dass Sie überhaupt nicht auf die Idee gekommen sind, sie zu erwähnen.

Wie bereits dargelegt, sollten Sie Inhalte so einfach wie möglich darstellen. Dennoch kommt es vor, dass einzelne Zuschauer Verständnisschwierigkeiten haben. Beobachten Sie Ihre Zuhörer. Sie werden an den Reaktionen gut erkennen, welcher Zuhörer den dargestellten Inhalt begriffen hat und welcher nicht. Über die Beobachtung hinaus ist es ratsam, Verständnissicherung zu betreiben.

Fragen Sie Ihr Publikum, ob es die Inhalte verstanden hat!

Eine Präsentation besteht aus vielen Abschnitten. Diese ergeben sich allein aus der Gliederung heraus. Fragen Sie Ihr Publikum nach jedem Abschnitt, ob es den Inhalt Ihrer Präsentation verstanden hat oder ob es noch Fragen gibt. Je schwieriger der Inhalt ist, desto häufiger sollten Sie fragen.

Wie trage ich mit Beamer vor?

Eine Beamerpräsentation ist deutlich einfacher als eine Präsentation mit dem Overheadprojektor. Zudem wirkt sie weitaus professioneller. Wenn Sie die Möglichkeit haben, zwischen diesen beiden Medien zu wählen, sollten Sie sich zumindest bei wichtigen Präsentationen immer für den Beamer entscheiden. Hauptsächliches Gegenargument ist der Umstand, dass es bei der Arbeit mit Notebook und Beamer zu technischen Problemen kommen kann.

Die Versuchung, sich der Wand zuzuwenden, ist bei der Arbeit mit Notebook und Beamer geringer. Sie können das, was der Zuschauer an der Leinwand sieht, auf Ihrem Notebook-Bildschirm sehen und trotzdem Blickkontakt zum Publikum halten. Ihr Bildschirm steht dabei zwischen Ihnen und dem Publikum. Auch der Wechsel der Folien ist deutlich einfacher als beim Overheadprojektor. Ein Mausklick genügt und die nächste Folie erscheint.

Verwenden Sie eine schnurlose Maus!

Sie verfügen über beste technische Möglichkeiten. Da sollten Sie sich nicht scheuen, ein paar Euro in eine schnurlose Maus zu investieren. Mit einer schnurlosen Maus können Sie sich frei im Raum bewegen. Sie sind nicht gezwungen, sich zum Tisch herunterzubeugen, um den nächsten Klick auszuführen.

Vor Ihrer Präsentation sollten Sie allerdings überprüfen, wie groß die Reichweite Ihrer Maus ist. In Abhängigkeit von der Beschaffenheit des Raumes kann diese stark variieren.

Nehmen Sie grundsätzlich Ersatzbatterien für Ihre Maus mit!

Wenn die Signale der Maus beim Empfangsgerät nicht ankommen, kann es auch daran liegen, dass die Batterien schwach sind. Aus diesem Grunde sollten Sie bei jeder Präsentation Ersatzbatterien dabei haben.

Wenn Sie das Klicken der Maus stören sollte, haben Sie die Möglichkeit, das Scrollrad zu nutzen. Die Gefahr dabei ist jedoch, Folien ungewollt aufzurufen, da das Rad sensibler reagiert als die Maustaste. Es könnte auch passieren, dass Sie das Rädchen aus Versehen in die falsche Richtung drehen. Um ein unbeabsichtigtes Scrollen zu verhindern, können Sie in der Systemsteuerung die Einstellungen für die Maus ändern. Wir empfehlen Ihnen, das Scrollrad mit einer Taste zu belegen, die während der Bildschirmpräsentation keine Funktion hat, wie beispielsweise der F2-Funktionstaste.

Wie arbeite ich mit Zeigestab oder Laserpointer?

Wie bereits erwähnt, sollten Folien so einfach wie möglich sein. Sie sollten so gestaltet sein, dass sie selbsterklärend sind. Aus diesem Grunde sollte bei dem überwiegenden Teil der Folien überhaupt keine Notwendigkeit bestehen, den an die Wand projizierten Inhalt mit Hilfe von Zeigestab oder Laserpointer zu erläutern. Der Einsatz dieser Hilfsmittel ist in den meisten Fällen eine Konsequenz von schlecht gestalteten Folien.

Gestalten Sie Ihre Folien so, dass Sie auf die Hilfsmittel Zeigestab und Laserpointer verzichten können!

Der Einsatz dieser Hilfsmittel führt oft dazu, dass sich der Vortragende verstärkt der Wand zuwendet. Er verliert den Kontakt zum Publikum. Daher sollten Sie den Einsatz von Zeigestab oder Laserpointer vermeiden. Natürlich gibt es Ausnahmen. Ein Beispiel für eine solche Ausnahme kann eine komplexe Grafik sein. Insbesondere dann, wenn Sie mit dem Overheadprojektor arbeiten, kann der Einsatz von Zeigestab oder Laserpointer erforderlich sein. Wenn Sie mit dem Beamer arbeiten, verfügen Sie in der Regel über ausreichende Möglichkeiten der Animation, sodass Sie auf weitere Hilfsmittel verzichten können.

Sollten Sie in eine Situation geraten, in der der Einsatz eines Hilfsmittels unumgänglich ist, empfehlen wir Ihnen, den Laserpointer einzusetzen. Der Laserpointer ist eine kleine Taschenlampe, die einen dünnen, roten Lichtstrahl aussendet. Er zeigt einen leuchtend roten Punkt an der Stelle, auf die Sie zeigen. Der Pointer hat im Gegensatz zu dem Zeigestab den Vorteil, dass Sie beweglicher sind. Sie können vor Ihrem Bildschirm stehen bleiben und sind nicht gezwungen, an die Wand heranzutreten.

Was tun, wenn die Folien herunterfallen?

Das Herunterfallen der Folien ist eine Situation, die bei der Arbeit mit einem Beamer nicht passieren kann, dafür aber, wenn Sie mit dem Overheadprojektor arbeiten. Zunächst einmal ist es wie bei jeder auftretenden Panne wichtig, Ruhe zu bewahren. Wenn Sie hektisch werden, wird sich diese Unruhe auf das Publikum übertragen; und der Vortrag wird Ihnen entgleiten. Sie sollten Ihre Folien also in aller Ruhe aufheben und sortieren. Peinlich wird die Situation erst dann, wenn Sie sich in dem Chaos der Folien nicht zurechtfinden. Entweder setzen Sie den Vortrag möglichst schnell mit ungeordneten Folien fort oder Sie sortieren sie in aller Gemütsruhe und das Publikum wird immer unruhiger und ist zum Ende hin verärgert.

Nummerieren Sie Ihre Folien!

Wenn Sie diesen Tipp in die Tat umsetzen, werden Sie in allerkürzester Zeit Ihre Folien sortiert haben, und keiner der Zuhörer wird Ihnen die Situation übel nehmen. Oft passiert sogar das Gegenteil und Sie gewinnen Sympathien. Warum? Weil Sie auch nur ein Mensch sind.

Was tun, wenn die Leinwand schwarz bleibt?

Sie haben Ihren Laptop an den Beamer angeschlossen und starten Ihre Bildschirmpräsentation. Sie sehen auf dem Bildschirm Ihres Laptops alles, doch die Leinwand bleibt schwarz.

Drücken Sie gleichzeitig die Tasten Fn und die entsprechende Funktionstaste!

Auf einer Ihrer Funktionstasten (in der Regel F4, F8, F10 oder F12) ist entweder ein Symbol für die Leinwand oder die Buchstabenfolge LCD o.Ä. zu sehen. Diese Funktionstaste drücken Sie gleichzeitig mit der Fn-Taste. Da es drei mögliche Einstellungen gibt, sollten Sie die Tastenkombination so oft drücken, bis sowohl auf dem Bildschirm als auch auf der Leinwand das Bild zu sehen ist.

Sollte der Bildschirm auch nach Drücken dieser Tastenkombination noch schwarz bleiben, sollten Sie Verkabelung und Anschlüsse überprüfen. Viele Beamer haben zwei Ausgänge, sodass eventuell das Kabel am Beamer umgesteckt werden oder dass am Beamer der andere Ausgang angesteuert werden muss. Ein weiteres häufig vorkommendes Problem ist, dass das an die Leinwand projizierte Bild abgeschnitten wird und die Schriftgrößen verändert werden.

Ändern Sie die Auflösung Ihres Rechners in der Systemsteuerung!

In den meisten Fällen liegt die Ursache des Problems darin, dass der Beamer und der Rechner mit unterschiedlichen Auflösungen arbeiten. Sie können die Auflösung Ihres Rechners der des Beamers in der Systemsteuerung anpassen, indem Sie die Einstellungen in dem Menüpunkt Anzeige verändern.

Was mache ich, wenn bei der Beamerpräsentation das Bild abgeschnitten ist?

Hin und wieder tritt bei der Arbeit mit Notebook und Beamer das Problem auf, dass das Bild an der Projektionswand abgeschnitten ist oder dass die Schriftgrößen verändert dargestellt werden. Die Ursache liegt in den meisten Fällen darin, dass Notebook und Beamer mit unterschiedlichen Auflösungen arbeiten.

Ändern Sie die Auflösung Ihres Notebooks!

Sie können die Auflösung Ihres Rechners ganz einfach ändern, indem Sie über die Systemsteuerung das Element *Darstellung und Designs* oder *Anzeige* aufrufen. Hier finden Sie den Punkt *Bildschirmauflösung ändern*, an dem Sie die gewünschten Einstellungen vornehmen können. Wenn Sie eine niedrigere Auflösung wählen, vergrößert sich die Darstellung. Wenn Sie eine höhere Auflösung wählen, verkleinert sich die Darstellung. In dem Fall, bei dem Ihr Bild abgeschnitten wurde, müssen Sie in der Regel eine größere Auflösung wählen.

Da die Auflösungen sofort vom System übernommen werden, ist ein Neustart Ihres Rechners nicht erforderlich.

Was tun, wenn der Beamer ausfällt?

Wo gehobelt wird, fallen Späne. Es wird immer wieder einmal passieren, dass ein Missgeschick auftritt. Und da, wo Technik eingesetzt wird, müssen wir stets mit Pannen rechnen. Völlig unabhängig davon, ob Sie Ihren eigenen oder einen fremden Beamer verwenden, kann es vorkommen, dass Rechner oder Beamer abstürzen oder dass sich die beiden Geräte nicht miteinander vertragen. Natürlich sollten Sie schon im Vorfeld der Präsentation überprüfen, ob der Einsatz des Beamers reibungslos funktioniert. Nichtsdestotrotz kann es sein, dass die Panne während des Vortrages auftritt. Auch hier gilt: Bleiben Sie ruhig! Je ruhiger Sie das Problem angehen, desto weniger störend wirkt die Panne auf das Publikum. Sie werden jetzt versuchen, den Fehler zu beheben. Gut ist es, dem Publikum eine etwa fünfminütige Pause zu verordnen, in der Sie oder ein zuständiger Techniker versuchen, die Technik wieder in den Griff zu bekommen. Fünf Minuten reichen in der Regel völlig aus, um die Technik erneut hochzufahren und noch die ein oder andere Einstellung vorzunehmen. Wenn Sie es nicht schaffen, den Fehler in dieser Zeit zu beheben, sollten Sie im weiteren Vortrag auf den Einsatz des Beamers verzichten. Das Publikum verzeiht Ihnen die Panne und hat Nachsehen im weiteren Vortragsverlauf. Es würde ihn aber nicht verzeihen, wenn Sie es eine halbe Stunde warten lassen, um die Technik wieder in Gang zu setzen.

Nehmen Sie zu jeder Präsentation Ersatzfolien mit!

Da Sie jetzt nicht mehr auf das Medium Beamer zurückgreifen können, sollten Sie den Overheadprojektor benutzen. Dafür brauchen Sie natürlich Folien. Von jeder Präsentation, die Sie mit dem Beamer durchführen, sollten Sie daher einen Satz Folien mit sich führen.

Wir erleben es häufig, dass in dem Vortragsraum bereits ein Rechner fest installiert ist. Natürlich ist es angenehmer, mit dem eigenen Notebook zu arbeiten, was sich in der Regel auch problemlos bewerkstelligen lässt. In den Fällen, in denen Ihr Notebook nicht mit dem Beamer harmonisiert, haben Sie nun die Möglichkeit, den bereits eingerichteten Rechner zu nutzen.

Nehmen Sie zu jeder Präsentation eine CD oder einen USB-Stick mit!

Ihre Daten lassen sich nun schnell auf das vorhandene System übertragen.

Was mache ich, wenn ich den Faden verliere?

Zunächst einmal ist es wichtig, sich bewusst zu machen, dass Pannen vom Vortragenden selbst viel schlimmer empfunden werden als von den Zuhörern. Pausen, die aufgrund dessen entstehen, dass der Faden reißt, kommen dem Redner häufig unerträglich lang vor. Das Publikum erlebt die Pause als viel kürzer und ist froh, einmal durchatmen zu können. Das Setzen von Pausen ist nicht nur eines der wichtigsten rhetorischen Mittel, die uns zur Verfügung stehen; es ist auch das rhetorische Mittel, das am meisten vernachlässigt wird.

Wo gehobelt wird, fallen Späne. Wenn jemand mit Technik arbeitet, wird die Technik ihm irgendwann Probleme machen. Wer einen Vortrag hält, wird irgendwann den Faden verlieren oder sich versprechen.

Legen Sie Ihren Perfektionismus ab!

Viele Präsentatoren stehen sich selbst im Weg, weil sie perfekt sein wollen. Das ist ein sehr hoher Anspruch, dem kaum jemand genügen kann. Führen Sie sich vor Augen, dass das Publikum keinen perfekten Redner möchte. Perfektion löst bei den meisten Menschen keine Sympathie aus. Entscheidend ist, dass Sie als Person authentisch wirken und als Mensch greifbar sind. Wenn Ihre Zuhörer Sie mögen, ist ein wichtiger Schritt zur gelungenen Präsentation vollbracht.

Zudem sollten Sie Pannen mit einkalkulieren. Sie gehören zum Geschäft. Entscheidend ist nicht die Panne selbst, sondern der Umgang mit ihr. Wenn Sie sich von einem Patzer stressen lassen und in Hektik verfallen, wird sich diese Hektik auf Ihr Publikum übertragen. Wenn Sie ruhig und entspannt agieren, werden Ihre Zuhörer ruhig und entspannt bleiben. Natürlich fällt es insbesondere Anfängern schwer, ruhig zu bleiben, wenn etwas Unvorhergesehenes passiert. Was können Sie also tun, wenn Sie noch nicht über die notwendige Erfahrung und Souveränität verfügen?

Überlegen Sie sich im Vorfeld eine Strategie, wie Sie im Falle einer Panne reagieren!

Es gibt einige Strategien, die in schwierigen Situationen helfen:

- So können Sie, wenn Sie den Faden verloren haben, zum Beispiel: eine Gedankenpause machen.
- Sie können den Satz abbrechen und neu anfangen.
- Sie können ehrlich zugeben, dass Sie den Faden verloren haben.
- Oder Sie fassen das Gesagte zusammen.
- Sie können Sätze einflechten, mit denen Sie Zeit gewinnen, wie beispielsweise »So viel zu diesem Aspekt.«
- Sie können eine Frage an das Publikum richten oder
- einfach zum nächsten Stichwort übergehen.

Oft wirken Pannen sogar sympathisch, da sie zeigen, dass der Vortragende auch nur ein Mensch ist. Und manchmal gelingt es sogar, aus der vermeintlichen Schwäche eine Stärke zu machen. So sagte ein Vortragender, als er den Faden verloren hatte, den Satz: »Komisch, gestern wussten der liebe Gott und ich noch, was ich sagen wollte. Heute weiß es nur noch der liebe Gott.«

Wie reagiere ich bei unliebsamen Fragen?

Wer sich sicher fühlt, hat meistens auch keine Angst vor Fragen. Angst vor Fragen hat meist derjenige, der fachlich unsicher ist oder sich nicht gut genug auf mögliche Fragen vorbereitet hat. Demnach ist es sinnvoll, sich im Vorfeld zu überlegen, welche Fragen während oder nach der Präsentation gestellt werden können und wie Sie darauf antworten.

Erstellen Sie eine Liste möglicher Fragen!

Wenn Sie die Fragen tatsächlich aufschreiben und nicht nur darüber nachdenken, werden Sie feststellen, dass es viel weniger kritische Fragen gibt als Sie zunächst vermutet hatten. Allein diese Feststellung wird Ihnen einen Teil Ihrer Angst nehmen.

Um gut für mögliche Fragen gerüstet zu sein, sollten Sie Antworten parat haben und diese bei Bedarf mit aussagekräftigem Material unterstützen können. So macht es einen absolut professionellen Eindruck, wenn Sie zum Beispiel eine weitere, gut vorbereitete Folie auflegen, die Ihre Aussage bekräftigt.

Wie gehe ich mit Einwänden um?

Der Umgang mit Einwänden ist in erster Linie von der eigenen inneren Einstellung abhängig. Jemand, der eine positive Einstellung zu seinem Publikum hat, wird mit Einwänden recht gut zurechtkommen. Darüber hinaus spielt natürlich die Erfahrung eine große Rolle.

Wer kennt sie nicht, die Einwände, die dem Vortragenden das Ruder aus der Hand nehmen und die Präsentation zum Scheitern bringen. »Das haben wir doch schon mal versucht und es hat auch nicht geklappt!«, »Das akzeptieren meine Mitarbeiter nie!«, »Das hört sich in der Theorie ja nett an, aber in der Praxis sieht es ganz anders aus!« und so weiter. Solche Einwände sind oftmals Ausdruck von Ängsten, Befürchtungen und Bedenken, die der Fragesteller nicht offen anspricht.

Sie können mit einer positiven Grundhaltung Einwände viel leichter entkräften. Aus einem destruktiven Zuhörer einen konstruktiven zu machen, tut keinem weh. Wenn Sie aber aus einem konstruktiven Teilnehmer einen destruktiven machen, verlieren Sie diesen und häufig auch noch weitere Zuhörer.

Finden Sie die Frage und den Wunsch hinter dem Einwand!

Wenn Sie grundsätzlich davon ausgehen, dass Ihre Zuhörer dem Vortrag und Ihnen gegenüber positiv eingestellt sind, wird es Ihnen relativ leicht fallen, die Frage und den Wunsch zu entdecken, die hinter einem Einwand stecken.

Der Zuhörer sagt:	Der Zuhörer meint:	Der Zuhörer wünscht …
Das klappt nicht!	Das kann ich mir nicht vorstellen.	eine genauere Erläuterung, wie das Vorgeschlagene umgesetzt werden kann.
Das haben wir schon mal versucht!	Ich möchte nicht an derselben Stelle wie damals scheitern.	eine Würdigung seiner Erfahrung und das Aufzeigen der Unterschiede zum damaligen Versuch.
Das akzeptieren meine Mitarbeiter niemals!	Ich sehe nicht, wie wir das den Mitarbeitern beibringen können.	das Aufzeigen des Weges, wie die Mitarbeiter überzeugt werden können.

Es gibt unterschiedliche Techniken, mit denen Sie Einwände behandeln können. Das Problem ist, dass diese Techniken häufig erst nach einiger Übung umgesetzt werden können. Und in jedem Einwand eine interessierte Frage zu entdecken, wird insbesondere dem Anfänger, der meist noch unsicher ist, schwer fallen. Es gibt dennoch eine Technik, die Sie bei nahezu jedem Einwand anwenden können und die keiner großen Übung bedarf.

Konkretisieren Sie durch Rückfragen, was sich hinter dem Einwand verbirgt!

Den meisten Einwänden ist schwer zu begegnen, weil sie verallgemeinernd sind. »Das war schon immer so!«, »So kann das nicht funktionieren!« oder »Das lohnt sich nicht!« sind sehr pauschale Aussagen. Versuchen Sie durch Rückfragen die Aussage Ihres Zuhörers zu konkretisieren. »Was war schon immer so?«, »Wie war das bisher?«, »Was kann nicht funktionieren?«, »Wie funktioniert das nicht?«, »Ich habe die Frage noch nicht ganz verstanden. Können Sie ein konkretes Beispiel geben?«. Zum einen erfahren Sie auf diese Weise, was genau Ihren Zuhörer beschäftigt oder was genau er noch nicht verstanden hat. Zum anderen gewinnen Sie durch die Rückfrage wertvolle Zeit, in der Sie sich eine gute Antwort zurecht legen können.

Wie kann ich die Fragerunde steuern?

Bei Vorträgen vor kleinen Gruppen ist es üblich, dass Fragen in dem Moment gestellt werden, in dem sie auftauchen. Bei größeren Gruppen würde dieses Vorgehen keinen Sinn machen. Hier empfiehlt es sich, unmittelbar nach dem Vortrag eine Fragerunde durchzuführen. Unabhängig davon, für welches der beiden Vorgehen Sie sich entscheiden, sollten Sie darauf achten, dass Sie zu jedem Zeitpunkt die Kontrolle über das Geschehen behalten. Dazu brauchen Sie klare Spielregeln, die Sie konsequent einfordern müssen, sobald die Gefahr besteht, dass diese nicht beachtet werden.

Klären Sie zu Beginn Ihres Vortrages den Fragemodus!

Erklären Sie den Zuhörern zu Beginn Ihres Vortrages, wann diese Fragen stellen dürfen und ob Sie einen Diskussionsblock geplant haben. Treffen Sie mit Ihren Zuhörern eine klare Vereinbarung über das Vorgehen. Auf diese gemeinsam aufgestellte Spielregel können Sie verweisen, wenn während des Vortrages Fragen gestellt werden. Fragen, die Sie nicht sofort beantworten, können Sie sichtbar für den Zuhörer notieren. Gut geeignet dafür ist beispielsweise ein Flipchart. Durch das schriftliche Festhalten der Frage demonstrieren Sie, dass Sie der Frage des Zuhörers Bedeutung beimessen. Der Zuhörer, der die Frage gestellt hat, kann sich sicher sein, dass die Frage nicht in Vergessenheit gerät. Er wird nicht versuchen, diese Frage in seinem Kopf festzuhalten, und kann sich Ihrem Vortrag wieder mit seiner vollen Aufmerksamkeit zuwenden.

Wir empfehlen Ihnen, Verständnisfragen zu jedem Zeitpunkt des Vortrages zuzulassen. Andernfalls kann es sein, dass einzelne Zuschauer Ihrem Vortrag nicht folgen können, weil sie zu Beginn der Präsentation ein Verständnisproblem hatten.

Fragen, bei denen Sie sich nicht sicher sind, ob Sie sie verstanden haben, sollten Sie gezielt wiederholen. Das Gleiche gilt für die Situation, wenn andere Zuhörer die Frage nicht verstanden haben. In diesem Fall sollten Sie die gestellte Frage umformulieren. Achten Sie aber bitte darauf, dass Sie es sich nicht zur Angewohnheit werden lassen, jede Frage nochmals zu wiederholen. Insbesondere in kleineren Gruppen werden schnelle und präzise Antworten erwartet.

Im Übrigen ist auch völlig in Ordnung, zuzugeben, dass man eine Frage nicht beantworten kann, solange das die Ausnahme bleibt. Das Publikum bemerkt sofort, ob Ihre Antwort fundiert ist oder nicht. Wir raten daher dringend davon ab, »herumzuschwafeln«.

Genauso, wie Sie das Ende Ihres eigentlichen Vortrages ankündigen sollten, sollten Sie auch das Ende der Fragerunde ankündigen. Sobald Sie merken, dass der zeitliche Rahmen gesprengt wird, dass das Interesse des Publikums nachlässt oder Sie das Gefühl haben, dass zusätzliche Fragen nicht zu einer weiteren Klärung beitragen, sollten Sie das Ende der Fragerunde ankündigen.

Gestatten Sie zum Abschluss der Fragerunde nochmals drei Fragen!

Zuhörer nehmen es Ihnen übel, wenn Sie Ihre Fragerunde abrupt beenden. Dagegen werden Sie auf Verständnis stoßen, wenn Sie das Ende der Fragerunde rechtzeitig ankündigen.

Nachdem Sie die letzte Frage aus dem Publikum beantwortet haben, sollten Sie die Ergebnisse der Fragerunde beziehungsweise der Diskussion zusammenfassen.

Ziehen Sie ein positives Resümee! Verstärken Sie nochmals die zentrale Botschaft Ihrer Präsentation!

Wann verteile ich das Handout?

Diese sehr wichtige Frage ist leider nicht eindeutig zu beantworten. Sowohl das Verteilen des Handouts vor als auch am Ende der Veranstaltung haben Vor- und Nachteile. Wenn Sie das Handout zu Beginn Ihrer Präsentation aushändigen, werden die Zuhörer in dem Handout blättern und sich bereits einen Überblick über Ihren Vortrag verschaffen. Sie lesen sich bereits Punkte durch, die Sie erst viel später besprechen. Das kann Ihrer Präsentation die Spannung nehmen, insbesondere dann, wenn das Ende des Vortrages, das eigentlich einen Höhepunkt darstellen sollte, frühzeitig bekannt ist. Der Vorteil dieses Vorgehens ist, dass sich die Zuhörer während der Präsentation Notizen machen können, die ihnen in der Nachbereitung weiterhelfen. Das Verteilen des Handouts nach der Veranstaltung hat den Nachteil, dass es für den Zuhörer schwerer ist, sich sinnvolle Notizen zu machen. Der Vorteil ist, dass Ihnen das Publikum aufmerksamer zuhört und konzentrierter bei der Sache ist.

Verteilen Sie entweder zu Vortragsbeginn eine Kopie oder am Ende der Präsentation eine ausführliche Variante Ihres Foliensatzes!

Wenn Sie das Handout vor der Präsentation verteilen, bietet es sich an, das Handout als Handzettel mit jeweils drei Folien pro Seite auszudrucken. Dadurch hat der Zuhörer genügend Platz, um sich Notizen zu machen. Er bekommt auf diese Art im Vorfeld etliche Informationen, wobei Sie die Möglichkeit haben, bestimmte Informationen zurückzuhalten und damit Ihrem Vortrag nicht die Würze zu nehmen. Entschließen Sie sich dazu, das Handout erst nach der Präsentation zu überreichen, empfehlen wir Ihnen, dem Publikum einen Foliensatz auszuhändigen, der ausführlichere und ausformulierte Notizen enthält. Dadurch ist der Zuhörer in der Lage, Ihren Vortrag Lange Zeit nachzuvollziehen.

Zehn Tipps und Tricks, wie Sie auf keinen Fall mit Overheadprojektor und Beamer arbeiten sollten

- Sprechen Sie auf keinen Fall über die Inhalte Ihrer Folien! Setzen Sie Folien lediglich ein, um die Zuhörer in die Irre zu führen.
- Versuchen Sie von Ihren Folien abzulenken! Setzen Sie unentwegt viel Gestik ein!
- Tragen Sie im Sitzen vor! Verstecken Sie sich dabei hinter dem Medium! Schließlich geht es um den Inhalt.
- Versperren Sie Ihren Zuhörern die Sicht! Schließlich ist es Ihre Bühne.
- Geben Sie den Zuhörern keine Zeit, sich in Ihre Folien hineinzudenken! Es könnte sein, dass sie die Folien verstehen.
- Wechseln Sie die Folien während des Vortragens! Pausen sind unnötiger Zeitverlust.
- Arbeiten Sie grundsätzlich mit Zeigestab! Verprügeln Sie die Wand und zeigen Sie, wer Herr im Hause ist.
- Wenden Sie sich der Wand zu! So wissen Sie jederzeit, was der Zuhörer sieht.
- Heben Sie Ihre Folien hektisch auf, wenn sie herunterfallen! Irgendwie wird es mit dem Folienchaos schon weitergehen.
- Schicken Sie die Zuhörer in eine einstündige Pause, wenn der Beamer ausfällt! Dann haben Sie genügend Zeit, die Bedienungsanleitung des Gerätes zu studieren.

Checklisten

Sie möchten die Checklisten als Word-Dokumente? Sie können die Checklisten von unserer Seite http://www.praesentatio.de/downloads.html kostenlos herunterladen.

Checkliste Planung einer Präsentation

Was ist der Anlass? Warum präsentiere ich etwas?

Wer sind meine Zuhörer? Was zeichnet die Zielgruppe aus?

Was ist der Nutzen für die Zuhörer?

Was ist mein Ziel? Was möchte ich bei den Zuhörern erreichen?

Welche Struktur wähle ich?

Einleitung --

Hauptteil --

Schluss --

Checkliste Raumvorbereitung

- [ ] Wo findet die Präsentation statt?
- [ ] Um wie viel Uhr beginnt die Präsentation?
- [ ] Ab wie viel Uhr können Sie sich im Raum vorbereiten?
- [ ] Wie groß ist der Raum?
- [ ] Wie ist die Bestuhlung?
- [ ] Sind genügend Stühle vorhanden?
- [ ] Welche Medien stehen zur Verfügung?
- [ ] Wie ist die Leinwand angebracht?
- [ ] Wie sind die Lichtverhältnisse?
- [ ] Gibt es Störgeräusche? Können diese abgestellt werden?
- [ ] Wie ist die Temperatur des Raumes? Kann diese reguliert werden?
- [ ] Wer ist der Ansprechpartner für den Raum?
- [ ] Wie ist der Ansprechpartner erreichbar?

Checkliste Material

- ☐ Notebook/PC mit Präsentation auf der Festplatte
- ☐ Anschlusskabel
- ☐ Schnurlose Maus
- ☐ Ersatzbatterien für die Maus
- ☐ Präsentation auf Compact Disk oder USB-Stick
- ☐ Beamer mit Anschlusskabel
- ☐ Verbindungskabel vom Beamer zum Notebook/PC
- ☐ Verlängerungskabel
- ☐ Ersatzfolien
- ☐ Leere Folien
- ☐ Overheadprojektor
- ☐ Ersatzlampe
- ☐ Folienstifte
- ☐ Flipchart
- ☐ Flipchart-Stifte
- ☐ Handout/Unterlagen

Checkliste Folienerstellung

- [ ] Jede Folie hat eine Kernaussage
- [ ] Unwichtige Informationen wurden entfernt
- [ ] Textfolien werden in Stichworten dargestellt
- [ ] Gliederungs-/Übersichtsfolie ist vorhanden
- [ ] Begrüßungsfolie existiert
- [ ] Abschlussfolie ist vorhanden
- [ ] Einheitliche und leicht lesbare Schrift (Arial) wird verwendet
- [ ] Schriftgröße beträgt mindestens 28 Punkt
- [ ] Überschrift ist mindestens 44 Punkt groß
- [ ] Kontrastreiche Farben werden verwendet
- [ ] Farbauswahl wurde mit Beamer getestet
- [ ] Konkrete Beispiele wurden gewählt
- [ ] Eindeutige Begriffe werden verwendet
- [ ] Visualisierungen geben Kernaussage wieder
- [ ] Visualisierungen sind aussagekräftig
- [ ] Die Datenmengen sind auf die Kernaussage beschränkt
- [ ] Die Strukturbilder entsprechen den Tatsachen
- [ ] Es wird in Sinneinheiten animiert
- [ ] Die Animationen sind sinnvoll
- [ ] Die Animationen wurden überprüft
- [ ] Probedurchlauf mit Beamer war erfolgreich

Checkliste Folieninhalte

Welches Ziel (Kernaussage) verfolge ich mit welcher Folie?

Folien-Nr.	Titel der Folie	Kernaussage

Checkliste Nachbearbeitung einer Präsentation

	Ja	Nein	Teilweise
Wurde das Ziel erreicht?	☐	☐	☐
Haben die Zuhörer einen Nutzen gewonnen?	☐	☐	☐
Wurden die Erwartungen erfüllt?	☐	☐	☐
War der Einstieg gelungen?	☐	☐	☐
War das Ende gelungen?	☐	☐	☐
War der Raum in Ordnung?	☐	☐	☐
Hat die Technik einwandfrei funktioniert?	☐	☐	☐
War der Vortrag verständlich?	☐	☐	☐
War der Vortrag flüssig?	☐	☐	☐
Konnte ich den roten Faden aufzeigen und beibehalten?	☐	☐	☐
Konnte ich alle Fragen beantworten?	☐	☐	☐
Bin ich angemessen mit Einwänden umgegangen?	☐	☐	☐
Habe ich adäquat auf Pannen reagiert?	☐	☐	☐
Waren die Unterlagen ausreichend und vollständig?	☐	☐	☐

Was war gut und sollte beibehalten werden?

____

____

____

Was kann ich beim nächsten Mal verbessern?

____

____

____

Kontakt

Wir freuen uns über Ihre Rückmeldung! Egal, ob Sie Kritik oder Verbesserungsvorschläge anbringen möchten, ob Sie Fragen oder Anregungen haben oder wir Ihnen in irgendeiner anderen Art und Weise weiterhelfen können, Sie können uns gerne kontaktieren.

Sollten Sie an einem Seminar oder an einem Coaching für sich oder Ihre Mitarbeiter interessiert sein, freuen wir uns über Ihre Anfrage.

Praesentatio Kürsteiner und Schildt GbR
Altmanns Knapp 6
49545 Tecklenburg
Tel.: 05482 – 9267819
Fax: 05482 – 9267820

http://www.praesentatio.de
info@praesentatio.de

Stichwortverzeichnis